MongoDB kompakt

MongoDB kompakt

Was Sie über die NoSQL-Dokumentendatenbank wissen müssen

Johannes Schildgen

Bibliografische Information der Deutschen Nationalbibliothek: Die Deutsche Nationalbibliothek verzeichnet diese Publikation in der Deutschen Nationalbibliografie; detaillierte bibliografische Daten sind im Internet über http://dnb.dnb.de abrufbar.

2. Auflage
© 2023 Johannes Schildgen

HERSTELLUNG UND VERLAG:
BOD – BOOKS ON DEMAND, NORDERSTEDT

ISBN: 978-3-7568-9126-9

Inhaltsverzeichnis

1. NoSQL-Datenbanken

1.1 Willkommen in der NoSQL-Welt

Der Begriff *NoSQL* darf nicht als Aufschrei „Kein SQL!"
missverstanden werden, sondern er ist vielmehr die Ab-
kürzung für „Not only SQL". Obwohl sich die Structured
Query Language (SQL) und relationale Datenbanksysteme in den meisten Bereichen durchgesetzt haben und
obwohl in diesen Systemen jahrzehntelange Forschungen
und Weiterentwicklungen gemacht wurden, ist es an der
Zeit zu realisieren, dass es nicht nur SQL, sondern auch
nützliche Alternativen gibt.

Relationale Datenbanken und die Anfragesprache SQL
setzen ein festes Tabellenschema voraus. Man nennt die in

relationalen Datenbanken gespeicherten Daten auch *strukturierte Daten*. Die Unterstützung von unbekannten und heterogenen Datenstrukturen, flexiblen Schemata sowie semistrukturierten oder unstrukturierten Daten in SQL ist sehr beschränkt. Das erkennt man bereits daran, dass mit der SQL *Data Definition Language* (DDL) zuerst Tabellen erstellt und dabei alle ihre Spalten und Datentypen angeben werden müssen, bevor man Daten einfügen und suchen kann. Nachträgliche Änderungen am Schema sind zwar möglich, aber sollten vor allem bei mit vielen Datensätzen gefüllten Tabellen besser nicht ständig erfolgen. NoSQL-Datenbanken bieten hier den Vorteil der *Schema-Flexibilität*. Es muss nicht von vornherein festgelegt werden, welche Attribute die Datensätze haben werden und von welchen Datentypen diese sind. Es ist sogar erlaubt, dass alle Datensätze eine unterschiedliche Struktur haben. In relationalen Datenbanken wäre das undenkbar. Dort herrscht *horizontale Homogenität*, welche besagt, dass in einer Tabelle alle Zeilen die gleichen Spalten haben müssen - Nullwerte sind zwar erlaubt, aber sie belegen trotzdem Platz -, sowie *vertikale Homogenität*, die dafür steht, dass innerhalb einer Tabellenspalte alle Zeilen den gleichen Datentyp haben müssen.

NoSQL-Datenbanken adressieren die Probleme der Speicherung und Verarbeitung von *Big Data*. Gerne charakterisiert man Big Data mit (mindestens) drei Vs. Das erste steht für *Volume*, also enorm große Datenmengen, das zweite für *Velocity*, was für die hohe Geschwindigkeit steht, mit der neue Daten geschrieben werden. Das dritte V haben wir bereits im vorherigen Absatz diskutiert, die *Variety*, also die Heterogenität der Daten.

Neuartige Anwendungen aus den Bereichen Web, Data Mining und Wissenschaft haben andere Anforderungen als klassische Anwendungen, für die relationale Datenbanksysteme weiterhin optimal sind. Im Web wird beispielsweise das *ACID*-Paradigma nicht immer so genau genommen. ACID steht für Atomarität, Konsistenz, Isolation und Dauerhaftigkeit und ist beispielsweise in Bankanwendungen unbedingt notwendig, damit Transaktionen korrekt ausgeführt werden und damit parallel laufende Anwendungen sich nicht gegenseitig beeinflussen. Viele relationale Datenbanksysteme laufen auf einem einzigen Rechner. Um mit den großen Datenmengen, die beispielsweise in sozialen Netzwerken und Online Shops anfallen, adäquat arbeiten zu können, setzt man auf *verteilte Datenbanksysteme*, also solche, die auf mehreren Rechnern laufen und somit sowohl die Speicherung als auch die Berechnung der Daten verteilen. In solch verteilten Systemen lässt es sich nicht vermeiden, dass ein Datenaustausch zwischen Rechnern mal verzögert ausgeführt wird, dass Nachrichten verloren gehen oder Teile des Netzwerks kurzzeitig unerreichbar sind. Man nennt diesen Zustand eine Netzwerkpartition. Ein verteiltes Datenbanksystem muss solche Netzwerkpartitionen tolerieren. Das berühmte *CAP-Theorem* (CAP steht für Consistency, Availability und Partition Tolerance) besagt, dass man von den drei Eigenschaften Konsistenz, Verfügbarkeit und Partitionstoleranz nur zwei auf einmal erreichen kann. Da wir, wie gerade beschrieben, in verteilten Systemen zwingend Partitionstoleranz erfordern, muss man sich also entweder für Verfügbarkeit oder Konsistenz entscheiden. Stellen wir uns eine Reisebuchungswebseite vor, auf der der Preis einer bestimmten Reise um zwanzig Euro erhöht werden soll. In einer verteilten Datenbank wird nun diese Änderung auf mehreren Rechnern im Netzwerk ausgeführt. Ist dem Betreiber der Webseite die *starke Konsistenz* so wichtig, dass er es nicht toleriert, dass innerhalb der nächsten Sekunden oder Minuten ein Besucher noch den alten Preis der Reise sieht, muss er bei Netzwerkproblemen damit bezahlen, dass seine Webseite für einige Zeit unerreichbar ist. Denn erst, wenn sich die Rechner wieder synchronisiert haben und der neue Preis auf allen Rechnern angekommen ist, darf der Datensatz wieder gelesen werden. Entscheidet sich der Reisewebsitebetreiber stattdessen für die Verfügbarkeit, kann es beispielsweise bei Nachrichtenverzögerungen im Netzwerk kurzzeitig passieren, dass eine Besucherin einen veralteten Wert, also den niedrigen Preis, sieht. Diese Konsistenzstufe wird *Eventual Consistency* genannt, was mit „schließlich konsistent" zu übersetzen ist. Schließlich, also irgendwann in naher Zukunft, wird die Änderung alle Rechner erreicht haben. Zwischenzeitlich können die Rechner jedoch untereinander in inkonsistenten Zuständen sein; der eine hat den alten Preis, der andere den neuen.

Die Idee von verteilten Datenbanken ist nicht neu. Das Verteilen von Daten in relationalen Datenbanksystemen ist aber ein komplexes Thema und stößt schnell an seine Grenzen. Die *Replikation* jedoch, also das Spiegeln des Datenbestandes auf mehrere Rechner, wird dagegen sehr wohl eingesetzt und sorgt für Hochverfügbarkeit und verhindert Datenverlust. Möchte man Datensätze aber nicht nur spiegeln, sondern tatsächlich aufteilen, kann dies einen Einfluss auf die Performanz des Systems haben. Befindet sich die Zeile einer Buchungstabelle von einer Reisebuchung der Kundin Ute auf einem anderen Rechner als die Zeile mit den Reisedaten zu Utes gebuchter Mittelmeerkreuzfahrt, ist bei einer Anfrage, die einen Verbund dieser beiden Tabellen ausführt, ein Datentransport über das Netzwerk vonnöten. So wie relationale Datenbanksysteme üblicherweise designt werden, also mit normalisierten Tabellen, die über Fremdschlüssel-Primärschlüssel-Beziehungen miteinander in Beziehung stehen, sind ebensolche Verbundabfragen (englisch: Joins) eine der häufigst gestellten Anfragen in gängigen Anwendungen.

In NoSQL-Datenbanksystemen löst man sich nicht nur aufgrund der Schemaflexibilität vom Modell mit Tabellen und Spalten. Viele NoSQL-Systeme lassen sich der Kategorie der *Aggregate-oriented Stores* zuordnen. Ag-

gregate steht in dem Fall für so etwas wie die Gesamtheit.
Die Idee ist, alles was zusammen gehört, auch zusammen
zu speichern. In unserer Reisedatenbank könnte man beispielsweise direkt im Datensatz zu einer Reise die Liste
der Kunden speichern, die diese Reise gebucht oder sie auf
ihren Merkzettel gesetzt haben. Die Art der Speicherung
muss natürlich gut überlegt sein. Man könnte nämlich
auch die Liste der gebuchten Reisen in einem Personendatensatz speichern. Wie genau man es modelliert, hängt
von der Anwendung ab und welche Anfragen diese üblicherweise an die Datenbank stellt. Der große Vorteil
der Speicherung als Gesamtheit ist die Vermeidung von
Joins. Dadurch können NoSQL-Datenbanken wunderbar
auf mehrere Rechner verteilt und Anfragen schnell beant-
wortet werden. Gleichzeitig muss man sich jedoch von der
Speicherung in Tabellen und Spalten verabschieden und
offen sein für neue Datenmodelle und Anfragesprachen.

1.2 Klassifizierung

In den letzten Jahren kamen hunderte NoSQL-Datenbankmanageentsysteme auf den Markt. Sie unterscheiden sich
in ihrem Datenmodell und in der Art und Weise, wie man
als Benutzer Anfragen an das System stellt. Eines haben jedoch viele NoSQL-Datenbankmanageentsysteme
gemeinsam: Die meisten sind *open-source*.

In diesem Kapitel schauen wir uns die vier Klassen an,
in die man fast alle NoSQL-Datenbanksysteme einordnen
kann. Die ersten drei sind die Key-Value-Datenbanken,
Wide-Column-Stores und Dokumentendatenbanken. Diese werden, wie oben beschrieben, auch Aggregate-oriented
Stores genannt, da man alles zu einem Datensatz gehörige
innerhalb dieses Datensatzes speichert. Die vierte Klasse,
die Graphdatenbanken, verfolgen einen anderen Ansatz.
Sie verbinden Datensätze untereinander, wie man es aus
Knoten und Kanten eines Graphen kennt.

1.2.1　Key-Value-Datenbanken

Man stelle sich eine Tabelle vor, die nur zwei Spalten hat, eine für einen Schlüssel, eine für einen Wert. Genau das sind Key-Value-Datenbanken. Anfragen an diese werden gestellt, wie man es aus Maps, HashMaps, Dictionaries oder assoziativen Arrays in Programmiersprachen kennt: `GET k` liefert den Wert zum Schlüssel `k`, `SET k 5` setzt `k` auf fünf. Mehr Möglichkeiten bei der Speicherung hat man, wenn man den Schlüssel aus mehreren Elementen zusammensetzt, z. B. könnte der Wert des Schlüssels `pers/12/name` der Name einer Person mit der ID zwölf sein. Viele Key-Value-Stores ermöglichen neben simplen Datentypen wie Zahlen und Zeichenketten die Verwendung komplexer Typen wie Listen und Maps als Werte. Somit kann ein einziges Key-Value-Paar auch einen kompletten Personendatensatz repräsentieren und nicht nur den Namen einer Person. Key-Value-Stores eignen sich für die verteilte Speicherung riesiger Datenmengen und beantworten Anfragen extrem schnell. Jedoch sind Key-Values-Stores in ihrer Anfragemächtigkeit stark eingeschränkt und dienen in der Regel keineswegs als vollständigen Ersatz zu einer relationalen Datenbank. Stattdessen werden sie hauptsächlich zur Performanz-Steigerung für ganz bestimmte Anwendungsszenarios eingesetzt, z. B. zu Caching-Zwecken. Zwei berühmte Key-Value-Stores sind Redis und Riak.

1.2.2　Wide-Column-Stores

„A database administrator walks into a NoSQL bar, but he turns and leaves because he couldn't find a table."

Der Witz ist für Wide-Column-Stores nicht ganz wahr. Hier gibt es Tabellen, die aus Zeilen und Spalten bestehen. Allerdings unterscheiden sie sich stark von Tabellen in relationalen Datenbanken. Die Definition der Spalten und deren Datentypen erfolgt hier nämlich nicht beim

Erstellen der Tabelle, sondern erst beim Einfügen und Ändern der Daten. Jede Einfügeoperation kann beliebige Spalten setzen, auch wenn es diese Spalte noch gar nicht gibt. Unterschiedliche Zeilen können somit unterschiedliche Spalten haben. Um die Konzepte verschiedener Anwendungsteile innerhalb ein und derselben Tabelle zu speichern, werden Spaltenfamilien (*Column Families*) zur Aufteilung der Spalten definiert. Eine Personentabelle könnte beispielsweise eine Spaltenfamilie `info` besitzen, in der alle Information zu einer Person zu finden sind, sowie die Spaltenfamilie `kinder`, in der in jeder Spalte die ID eines Kindes der Person steht. Diese Modellierung wird beim Datenbanksystem Apache HBase verwendet, welches die freie Implementierung von Google Big Table ist. In HBase setzt oder ändert man den Namen einer Person mit der *Row-ID* p1 mit `put 'pers', 'p1', 'info:name', 'Uwe'`. Ein anderer berühmter Wide-Column-Store ist beispielsweise Cassandra.

1.2.3 Dokumentendatenbanken

MongoDB, das Datenbanksystem, von dem dieses Buch handelt, ist eine Dokumentendatenbank. Mit Dokumenten sind hier nicht Word- oder PDF-Dokumente gemeint, sondern im Falle von MongoDB JSON-ähnliche Dokumente. *JSON* steht für JavaScript Object Notation und ermöglicht eine textuelle Beschreibung von Datensätzen, die aus beliebigen Attributen bestehen können (diese werden *Felder* genannt). Die Werte von Feldern können von simplen Typen, also Zahlen oder Zeichenketten, oder komplexen Typen wie Listen oder Subdokumenten sein. Bei JSON-Dokumenten handelt es sich um *semistrukturierte* Daten. Anders als unstrukturierte Daten (wie der Text dieses Buches) haben sie eine Struktur. Aber anders als strukturierte Daten in relationalen Datenbanken ist diese Struktur ein Teil der Daten selbst. Das heißt, das Datenschema muss

nicht im Vorhinein festgelegt werden. Weitere Details zu
JSON stehen in Kapitel 2.1.5. Eine andere berühmte Dokumentendatenbank ist beispielsweise CouchDB.

1.2.4 Graphdatenbanken

Alle drei bisher vorgestellten Klassen haben eines gemeinsam: Der Zugriff auf einen Datensatz erfolgt über
einen eindeutigen Schlüssel, also so etwas wie eine ID.
In Key-Value-Datenbanken erfolgt der Zugriff über den
Key, in Wide-Column-Stores über die Row-ID und in Dokumentendatenbanken über eine Dokument-ID (in MongoDB heißt dieses Feld _id). In Graphdatenbanken jedoch erfolgt der Zugriff auf die Daten auf eine navi-
gierende Art und Weise: Eine Anfrage startet entweder
in einem bestimmten Knoten oder in einer Menge von
Knoten und navigiert sich von diesen über Kanten, die
die Knoten miteinander verbinden, zu ihren Nachbarn.
Es gibt also Knoten und Kanten. Und beide können so-
gannte Labels und Properties besitzen. Labels geben an,
um was für eine Art Knoten oder Kante es sich handelt. In einem sozialen Netzwerk könnten Knotenlabels
person oder beitrag sein und Kantenlabels verfasst,
gefällt, kommentiert oder ist_Freund. Properties
sind ähnlich wie die Felder in Dokumentendatenbanken.
Sie erweitern Knoten und Kanten um Attribut-Wert-Paare.
Ein Knoten mit dem Label person könnte beispielsweise
die Properties name:'Franka' und geboren:2007 besitzen. Der Knoten könnte mit einer Kante mit dem Label
ist_Freund und dem Kanten-Property seit:2016 mit
einem anderen Personen-Knoten verbunden sein. Spezielle Anfragesprachen wie Gremlin und Cypher erlauben
komplexe Anfragen auf solchen Property-Graphen. Das
berühmteste Graphdatenbanksystem ist Neo4J.

1.3 Verteilte Datenbanken

Viele der oben gezeigten Beispiele für NoSQL-Datenbanken sind sogenannte verteilte Datenbankmanagemen-
systeme. Sie verteilen die Daten auf mehreren Rechnern,
um selbst bei riesigen Datenmengen Anfragen und Berechnungen schnell ausführen zu können. Und sollte man
dennoch irgendwann an die Grenzen kommen, lässt sich
die Performanz durch Hinzufügen weiterer Rechner im
Rechencluster einfach und günstig noch weiter erhöhen.
Das flexible Hinzufügen von Rechenknoten wird *Scale-
out* genannt. Im Gegensatz dazu bedeutet *Scale-up*, dass
die Leistung durch Aufrüstung einzelner Rechner gestei-
gert wird, also mehr RAM, bessere CPUs, Festplatten und
so weiter. Ein Scale-up ist nur begrenzt möglich und oft
sehr teuer, weil dazu meist spezielle Hardware vonnöten
ist. Der Scale-out-Ansatz sieht so aus, dass man sich einen
Cluster aus vielen Computern zusammenstellt, die aus
einfachen und günstigen Standardhardware-Komponen
ten bestehen, und man je nach Bedarf einfach mehr oder
weniger davon einsetzt. Vor allem, wenn ein Unterneh-
men gar kein eigenes Rechenzentrum betreibt, sondern
lediglich Ressourcen in der *Cloud* mietet, ist ein flexibles
Hinzu- und Wegschalten von Rechnern innerhalb weniger
Minuten erledigt. So kann beispielsweise ein Online-Shop
vor dem großen Ansturm in der Weihnachtszeit einige
Rechner mehr einsetzen als davor. Und wenn der Ansturm
wieder nachlässt, kann wieder auf Normalbetrieb zurück-
gefahren werden.

Ein zentrales Konzept in verteilten Datenbanken nennt
sich *Replikation*. Darunter versteht man, dass die gespeicherten Daten gespiegelt werden. Jeder Datensatz liegt
also nicht nur auf einem einzigen Rechner, sondern Kopi-
en davon auf mindestens noch einem weiteren. Speichert
man 1 Terabyte Daten unter der Verwendung von Replikationsfaktor 3 - jeder Datensatz ist also auf drei Rechnern

gespeichert -, belegen diese also insgesamt 3 TB Platz. Die
Vorteile von Replikation sind *Hochverfügbarkeit, Lastverteilung* und letztendlich auch eine Performanzsteigerung.
Unter Hochverfügbarkeit versteht man, dass das System
auch dann noch verfügbar ist, wenn einzelne Rechner
ausfallen. Ja selbst wenn in unserem Beispiel zwei Rechner gleichzeitig ausfallen sollten: Da wir jeden Datensatz
dreifach speichern, ist alles immer noch verfügbar. Und
unter Lastverteilung versteht man folgendes: Eine Anfrage
kommt rein und fordert Datensatz x an. Dieser ist auf drei
Rechnern gespeichert. Jetzt entscheiden wir einfach per
Zufallsprinzip, von welchem der drei Rechner wir lesen.
Wenn nun tausende von Anfragen gleichzeitig gestellt werden, teilt sich die Anfragelast gleichmäßig auf. Ein Drittel
liest hier, ein anderes Drittel dort und so weiter.

   Für ein richtiges Scale-out braucht es *Partitionierung*.
In MongoDB wird dieses Konzept *Sharding* genannt. Anders als bei Replikation geht es hier nicht darum Kopien
zu speichern, sondern den einen Datensatz hier, den anderen dort. Sagen wir mal wir haben 12 Rechner. Wir
können nun basierend auf der ID eines Datensatzes berechnen, auf welchem der 12 Rechner gespeichert werden
soll. Und möchten wir einen Datensatz mit einer bestimmten ID lesen, kann diese Anfrage direkt an den zuständigen Rechner weitergeleitet werden. 11 von 12 Rechnern
bekommen also gar nichts von dieser Anfrage mit. Nur
derjenige Rechner ist an der Anfragebearbeitung beteiligt,
auf dem unser Datensatz *zu Hause* ist. Replikation und
Sharding lässt sich in Kombination einsetzen. Haben wir
12 Rechner und Replikationsfaktor 3, dann belegen 1 TB
Daten wieder 3 TB Platz, jedoch dieses Mal pro Rechner 3
TB/12 = 250 GB[1]. Vorteile vom Sharding sind wieder einmal Lastverteilung, weil sich die Anfragen wieder einmal

---

[1]Wir rechnen hier der Einfachheit halber mit Terabytes, also 10^{12} Bytes und nicht mit Tebibytes (TiB), was 2^{40} Bytes entsprechen. Ansonsten
wären 3 TiB/12 = 256 GiB.

auf verschiedene Rechner aufteilen, aber auch verteilte Berechnungen. Unter letzterem versteht man komplexe Berechnungen, die nun verteilt ausgeführt werden können. Alle Rechner durchsuchen gleichzeitig ihre jeweils lokal gespeicherten Daten und führen Berechnungen auf ihnen aus.

Weitere Details zu Replikation und Sharding in MongoDB folgen in den Kapiteln 4 und 5.

2. MongoDB

Ab nun widmen wir uns voll und ganz der Dokumentendatenbank MongoDB. Viele Konzepte lassen sich auf andere Dokumentendatenbanken übertragen. Allgemeine Konzepte wie Replikation und Sharding funktionieren auch bei Datenbanksystemen aus den anderen Klassen und auch bei einigen relationalen Datenbanken ähnlich wie bei MongoDB.

Der Begriff MongoDB kommt vom englischen Wort *humongous*, zu Deutsch: gigantisch. Durch die Möglichkeit, riesige heterogene Datenmengen zu verwalten und diese auf viele Rechner zu verteilen, ist MongoDB bestens für die Speicherung von Big Data geeignet. Anders als die

meisten anderen NoSQL-Datenbankmanagementsysteme
bietet MongoDB eine mächtige API, die weit über einfache Get- und Set-Anweisungen hinausgeht.

Dieses Kapitel beginnt damit, wie man MongoDB
installiert und startet. Danach schauen wir uns an, wie
JSON-Dokumente aussehen, wie sie intern gespeichert
werden und wie wir Anfragen formulieren.

Die meisten Beispiele in diesem Buch werden anhand
von Befehlen auf der MongoDB Shell (`mongosh`) erklärt.
Kommuniziert man aus einer Programmiersprache wie
Java oder Python mit MongoDB, sehen die Befehle jedoch
ganz ähnlich aus.

2.1 Installation und Betrieb

2.1.1 Installation von MongoDB

MongoDB steht zur Installation auf eigener Hardware als
kostenlose Community Edition und als kostenpflichtige
Enterprise Advanced Variante zur Verfügung. Alternativ
bietet MongoDB Atlas einen Betrieb in der Cloud an. Die
Community Edition kann unter *http://www.mongodb.com*
unter Products / Community Server / On-premises für
Linux, Windows und MacOS heruntergeladen werden.
Dabei hat man jeweils die Wahl zwischen einem Installa-
tionsprogramm oder einer zip- bzw. tgz-Archivdatei. Die
Installation unter Windows erfolgt wie man es von anderen
Programmen kennt. Alternativ kann man aber auch den
Paketmanager Chocolatey verwenden. Mit ihm ist es sehr
praktisch, Programme zu installieren, deinstallieren und
zu updaten. Auf der Windows PowerShell oder einer anderen Konsole gibt man einfach nur ein: `choco install`
`mongodb`. Auch unter Linux bietet sich die Installation
über einen Paketmanager an.

Der Ansatz mit dem zip- bzw. tgz Archiv ist noch
einfacher, weil er überhaupt keiner Installation bedarf.
Das Archiv beinhaltet alle direkt ausführbaren Program-

me. Unter Linux können wir beispielsweise die Datei
`mongodb-linux-x86_64-*.tgz` herunterladen, sie entpacken und in den Ordner `bin` schauen. Er beinhaltet unter
anderem die beiden folgenden Programme:

- `mongod`: Der MongoDB Deamon; der Serverprozess, der auf einem bestimmten Port läuft (Standard:
  27017) und Anfragen entgegennimmt.
- `mongos`: Der MongoDB Sharding-Server; ein Rou-
  ter, der Client-Anfragen entgegennimmt und diese
  an die passenden `mongod`-Server weiterleitet.

Unter Windows liegen uns nach der Installation bzw. nach
dem Entpacken der zip-Datei ebenfalls die Programme
`mongod.exe` und `mongos.exe` vor. Entscheidet man sich
für die Installations-Variante, startet der `mongod`-Prozess
in der Regel bei jedem Systemstart automatisch, sowohl
unter Windows als auch unter Linux und MacOS. In diesem Buch verwenden wir der Einfachheit halber die Kommandos und Pfadangaben für Linux. Für Windows ist
lediglich die Endung `.exe` hinzuzufügen.

Neben `mongod` und `mongos` gibt es noch ein Paar
weitere Anwendungen, die für uns nützlich sein werden,
beispielsweise die `mongosh.exe`, das ist die sogenannte MongoDB Shell, und `mongoimport`, `mongoexport`,
`mongodump` und `mongorestore`. Die MongoDB Shell
brauchen wir in jedem Falle. Man findet sie auf der MongoDB-Webseite unter Products / Community Server /
Tools. Ebenfalls dort empfiehlt sich auch der Download
der sogenannten MongoDB Database Tools, die ein Paar
hilfreiche Anwendungen enthält, sowie der grafischen Be-
dienoberfläche MongoDB Compass:

- `mongosh`: Die MongoDB Shell; eine Kommando-
  zeile, um direkt Befehle an MongoDB zu schicken.
- `mongoimport` und `mongoexport`: Laden von JSON-
  und CSV-Dateien in MongoDB bzw. Exportieren
  einer Collection in eine solche Datei.
- `mongodump` und `mongorestore`: Erzeugen bzw. Ein-

lesen einer binären Backup-Datei.

- `mongostat` und `mongotop`: Zeigt aktuelle Aktivität (Anzahl Queries, RAM-Nutzung, ...) und wie viel Zeit MongoDB mit Lesen und Schreiben verbringt
- MongoDB Compass: GUI-Tool zur einfachen Arbeit mit MongoDB (mehr dazu in Abschnitt 2.1.9).

Wer sich auf der MongoDB-Webseite etwas umschaut, wird früher oder später auf *MongoDB Atlas* stoßen. Dabei handelt es sich um eine Datenbank in der *Cloud*, die man sich online einrichten kann. Über die MongoDB Shell, MongoDB Compass oder aus selbst entwickelten Anwendungen heraus kann man sich dann mit der entfernten MongoDB-Instanz verbinden und auf ihr arbeiten. Zum Ausprobieren gibt es eine kostenlose Variante. Für den Produktivbetrieb kann mittels weniger Mausklicks ein komplettes MongoDB-Cluster eingerichtet und gestartet werden. Die Abrechnung erfolgt über eine monatliche Gebühr oder je nach Nutzung. Letzteres nennt man auch *Serverless*, da man mit der kompletten Verwaltung von Servern überhaupt nichts mehr zu tun hat. Man lädt einfach nur sein Konto mit Geld auf und bezahlt für je 1 Million Lese- und Schreibaktionen und für jedes Gigabyte an Festplattenplatz ein Paar Dollar oder Cents. Im Hintergrund kümmert sich dann der Cloud-Anbieter um die Bereitstellung der benötigten Hardware und ums Scaleout.

2.1.2 mongod: Starten des Servers

Ab nun werden wir viel auf dem Terminal arbeiten. Linux-Nutzer sind dies in der Regel gewohnt, für Windows kann hier die Windows PowerShell verwendet werden, die unter Windows standardmäßig installiert ist, oder alternativ ein anderer Konsolenemulator. Sehr zu empfehlen ist das kostenlose Programm Cmder[1]. Immer wenn zu Beginn

---

[1] `https://cmder.app`

eines Beispiel-Kommandos in diesem Buch ein $ steht, zeigt dies, dass wir direkt auf dem Terminal arbeiten und nicht etwa in der MongoDB Shell.

In einem Terminal-Fenster starten wir den MongoDB-Server mit dem Befehl `mongod`:

```
$ mongod
```

Je nach Installationsart und Betriebssystem verwendet man die entsprechenden Start-Kommandos, beispielsweise `./bin/mongod` oder `mongod.exe`. Nach dem Start werden auf der Konsolenausgabe Statusmeldungen, Warnungen und Fehlermeldungen ausgegeben. Man beendet den Prozess wieder mit Strg+C. Startet man `mongod` mit dem Parameter `--fork`, läuft der Prozess im Hintergrund und man sieht die Ausgabe nach dem Start nicht mehr. Über den Parameter `--logpath /eine/datei` kann der Pfad zu einer Log-Datei angegeben werden, in die die Statusmeldungen geschrieben werden sollen. Mit dem Parameter `--port 27018` kann man den Prozess auf einem alternativen Port starten und mittels `--dbpath /ein/pfad` teilt man `mongod` mit, in welchem Ordner die Datenbankdateien liegen bzw. geschrieben werden sollen. Das folgende Beispiel zeigt den Serverstart unter Verwendung der vier hier vorgestellten Parameter:

```
$ mongod --port 27018 --dbpath ~/data \
    --logpath ~/log/mongodb.log --fork
```

 Die Ordner, in die die Datenbankdateien und die Log-Datei gespeichert werden sollen, müssen existieren.

Natürlich hat der Serverprozess noch viele weitere Parameter, auf die wir hier aber nicht einzeln eingehen wollen. Zumindest teilweise werden sie im Laufe des Buches

vorgestellt. Für alle weiteren Parameter rufen Sie entweder mit `mongod --help` die Hilfe auf oder schauen in
der Online-Dokumentation[2] nach. Wird `mongod` mit der
`--fork`-Option gestartet, lässt er sich nur beenden, indem
man den betreffenden Prozess killt. Dazu können wir unter
Windows den Task-Manager verwenden, unter Linux das
Kommando `kill`:

```
$ ps -A | grep mongod
 8522 ?        00:00:00 mongod
$ kill 8522
```

Für uns reicht es nun aber absolut aus, den MongoDB
Daemon ohne Parameter zu starten, also einfach mittels
`mongod`. Dann läuft er auf Standardport 27017 und verwendet Standardpfade für die Datenspeicherung. Später,
wenn es um Replikation und Sharding geht, werden wir
jedoch mehrere Prozesse auf einmal starten und brauchen
dann verschiedene Ports und Verzeichnisse.

2.1.3 Die MongoDB Shell

Die MongoDB Shell wird mit dem Kommando `mongosh`
gestartet:

```
$ mongosh
```

Auch hier kann die `--port`-Option verwendet werden, um
sich mit dem Server auf einem anderen als dem Standardport zu verbinden. Läuft der Server nicht auf localhost,
sondern einem entfernten Rechner, gibt man dessen Host-
namen oder IP-Adresse im Parameter `--host` an. Auch
hier liefern `--help` und die Dokumentation wieder Informationen über die weiteren Parameter. Für den Fall, dass
`mongod` lokal auf dem Standardport läuft und keine Authentifizierung verwendet wird, reicht `mongosh` völlig aus,

---

[2]`https://www.mongodb.com/docs`

um die Shell zu starten. Dennoch zeigen wir hier einen Aufruf der Shell mit den gerade genannten Parametern:

```
mongosh --host 192.168.1.55 --port 27017
```

Auf der MongoDB Shell können wir nun mit der Datenbank interagieren. Sobald die MongoDB Shell gestartet und mit der Datenbank verbunden ist, zeigt sie den Namen der aktuell ausgewählten Datenbank an, gefolgt von einem >-Symbol. Dahinter können wir unsere Kommandos eingeben:

```
test>
```

2.1.4 Authentication

Standardmäßig startet MongoDB so, dass sich ein Client (z. B. die MongoDB Shell) ohne die Eingabe von Benutzername und Passwort mit der Datenbank verbinden kann. Daraufhin hat der Client alle Lese- und Schreibrechte auf der kompletten MongoDB-Instanz. Um schnell mit dem Ausprobieren von MongoDB zu starten ist dies super. Aber in Produktivumgebungen und wenn MongoDB auf Servern eingesetzt wird, die aus dem Internet von extern erreichbar sind, sollte unbedingt darauf geachtet werden, diesen Zugriff einzuschränken.

In diesem Buch möchten wir nicht auf die Details des Benutzer- und Rechtemanagements in MongoDB eingehen und verweisen stattdessen auf die Online-Dokumentation. In dieser wird ausführlich beschrieben wie mit dem Kommando db.createUser Benutzer angelegt werden und diesen entsprechende Rollen zugewiesen werden können. Damit wird bestimmt, welche Benutzer auf welchen Datenbanken welche Operationen ausführen dürfen.

Ist die Authentifizierung aktiviert, muss auf der MongoDB Shell zunächst mittels db.auth Benutzername und Passwort übergeben werden, bevor Datenbankkomman-

dos ausgeführt werden können. Alternativ lässt sich die
MongoDB Shell auch direkt so aufrufen, dass sie sich in
einem Schritt verbindet und authentifiziert:

```
mongosh "mongodb://Admin:${DBPASSWORD}
@localhost:27017/webshop?authSource=admin"
```

Hier verbindet sich also der Benutzer `Admin` mit der Datenbank `webshop` auf der MongoDB-Instanz, die auf dem
Host `localhost`, Port 27017, läuft. Das Passwort wird
aus der Betriebssystem-Umgebungsvariable `DBPASSWORD`
entnommen.

2.1.5 JSON-Dokumente

Was in einer relationalen Datenbank eine Zeile ist, ist
in MongoDB ein Dokument, genauer gesagt ein JSON-
Dokument. Diese werden nicht in Tabellen, sondern in
sogenannten *Collections* gespeichert. In MongoDB hat
jedes Dokument eine Objekt-ID, die innerhalb der Collection eindeutig sein muss, sie trägt den Feldnamen `_id`.
Beliebig viele weitere Felder können mit Werten belegt
werden. Feldname und Wert werden mit einem Doppelpunkt getrennt, die einzelnen Felder untereinander mit
Kommata. Ein Beispieldokument:

```
{
  _id:ObjectId("56485b2ab1b27b96d55c8e4e"),
  name: "Kai",
  geboren: 1990,
  admin: true,
  konto: {
      iban:"DE55500500505555555555",
      bic:"DEDEDEF5555"
  },
  hobbys: ["Trompete", "Yoga"],
  registriert:
      ISODate("2016-02-17T11:42:58.354Z"),
```

```
 gehalt: null
}
```

 Jeden Feldnamen darf es in einem Dokument
nur einmal geben. {x:4,x:5} könnte man zwar
einfügen, allerdings hat x dann nur den Wert 5.

Das angegebene Dokument hat acht Felder mit unterschiedlichen Datentypen, auf die wir nun einzeln eingehen
werden. MongoDB-Dokumente sind nicht hundertprozen-
tig konform zur JSON RFC, viel mehr wird ein *Extended
JSON* verwendet, welches JSON beispielsweise um die
Typ Date für Datumswerte erweitert. Bei Feldnamen haben wir im Beispiel die Anführungszeichen weggelassen.
In JavaScript, also damit auch in der MongoDB Shell ist
das erlaubt, sofern keine speziellen Zeichen im Feldnamen vorkommen. Mit Anführungszeichen würde es z. B.
so aussehen: "geboren": 1990.

- Die *Objekt-ID*: Jedes Dokument hat eine eindeutige Objekt-ID. Fügt man ein neues Dokument in
  eine Collection ein, kann man das _id-Feld beliebig setzen, z. B. mit einer Zahl, einem String oder
  sogar einem Subdokument (Arrays sind aber verboten). Man muss jedoch darauf achten, dass der Wert
  innerhalb einer Collection stets eindeutig ist, also
  dass nicht zwei Dokumente die gleiche _id haben.
  Andernfalls schlägt das Einfügen fehl. Lässt man
  das _id-Feld beim Einfügen weg, bekommt das Dokument eine eindeutige automatisch generierte _id
  vom Typ ObjectId.
- *String* (Zeichenketten): Sie stehen in Anführungszeichen und können Buchstaben, Zahlen und Son-
  derzeichen enthalten, z. B. "Kai".
- *Number* (ganze Zahlen und Kommazahlen): Sie stehen nicht in Anführungszeichen, z. B. 1990, -5 oder
  8.5.

- *Boolean*: `true` oder `false` (ohne Anführungszeichen; sonst wären es Strings).
- *Object* (Subdokumente): Der Wert eines solchen Feldes ist wieder ein Dokument mit beliebig vielen Feldern von beliebigen Typen. Ein Subdokument kann auch wieder Subdokumente enthalten. Anders als beim „Wurzeldokument" ist die `_id` in Subdokumenten nicht notwendig.
- *Array* (Listen): Eine geordnete Liste von Werten beliebiger Typen. Ein Array kann auch wieder Arrays und Subdokumente beinhalten und in ihm darf es Duplikate geben. Die Typen der einzelnen Array-Elemente müssen nicht gleich sein, z. B. `[7,"a"]`.
- *Date* (Datum): Repräsentiert ein Datum mit Uhrzeit und Zeitzoneninformation. Es kann z. B. mit `new ISODate()` auf den aktuellen Zeitstempel gesetzt werden.
- *Null*: Der Wert `null` wird anders behandelt, als wenn das Feld einfach fehlen würde. Man könnte z. B. `gehalt:null` so interpretieren, dass der Benutzer keine Angabe über sein Gehalt machen will. Würde das Feld fehlen, erkennt man, dass der Benutzer das Feld noch nie ausgefüllt hat.

Sechs der hier gezeigten Typen sind die sechs Datentypen aus dem JSON-Standard: String, Number, Boolean, Object, Array und Null. Die Typen ObjectID, Date und einige weitere sind Erweiterungen von MongoDB.

2.1.6 NumberDecimal

Der eben vorgestellte Datentyp Number unterstützt sowohl ganze Zahlen (Integer) als auch Fließkommazahlen, z. B. `x:5` oder `y:9999999.4999999999`. Das gefährliche bei diesen Fließkommazahlen ist die interne Speicherung im sogenannten Double-Format. Bei Doubles können Rundungsfehler auftreten, das heißt die Zahl wird möglicherweise nicht exakt genau so gespeichert wie angegeben. Beim gerade präsentierten Beispiel wird im Feld y nämlich gar nicht der Wert 9999999.4999999999 gespeichert, sondern in diesem Falle der gerundete Wert 9999999.5. Bei Sensordaten und wissenschaftlichen Daten hat dies oftmals keine schlimmen Konsequenzen. Für andere Szenarios, in denen Rundungsfehler absolut vermieden werden müssen, sollte der Double-Typ jedoch nicht zum Einsatz kommen, beispielsweise wenn es um die Speicherung von Geldbeträgen geht. Genau für solche Zwecke gibt es MongoDB den Datentypen NumberDecimal:

```
{
  _id: 7,
  preis: NumberDecimal("9999999.4999999999")
}
```

Wie bei allen nicht-nativen JSON-Typen (ObjectID, Date, ...) wird auch zur Erzeugung eines NumberDecimal-Wertes ein spezieller Konstruktor verwendet. Es ist zu beachten, dass dieser die zu speichernde Zahl als String entgegennimmt. Der Grund dafür ist simpel: Würde man die Anführungszeichen weglassen, handelte es sich wieder um eine Double-Zahl und es könnten Rundungsfehler auftreten.

 Um NumberDecimal-Werte zu erzeugen, die Zahl als String übergeben, also in Anführungszeichen: NumberDecimal("0.89")

2.1.7 BSON: Binary JSON

Intern speichert MongoDB JSON-Dokumente nicht als Textdateien, sondern in einem zur Suche optimierten Binärformat namens *BSON*. Die Dokumente einer Collection werden im BSON-Format in einer Datei gespeichert und haben eine flexible Länge. In einem 32-Bit-Feld ist

die Gesamtlänge des Dokuments in Bytes gespeichert.
Das ist praktisch, um schnell zum nächsten Dokument
zu springen. Danach folgen für jedes Feld im Dokument
ein Typ-Identifikator, der Feldname und der Wert. Typen
wie Integer oder Date haben eine feste Länge, sodass
man schnell zum nächsten Feld springen kann, bei Strings
macht dies ein Längenfeld möglich. Wir betrachten das
folgende Dokument und dessen interne Speicherung als
BSON:

```
{ "_id" : 1,
 "geboren" : 1980,
 "name" : "Ulrike" }
```

Länge	Typ	Feldname	Wert	Typ	Feldname
44	16	_id\0	1	16	geboren\0

Wert	Typ	Feldname	Länge	Wert	EOD
1980	2	name\0	7	Ulrike\0	\0

Das Längenfeld am Anfang gibt an, dass das Dokument
insgesamt 44 Bytes lang ist. Die Zahl 16 steht dafür, dass
das erste Feld vom Typ Integer ist; jeder Typ hat einen
bestimmten Identifikator. Dann folgt der Feldname des
ersten Feldes, hier _id, gefolgt von einem Bytewert \0,
der angibt, dass eine Zeichenkette zu Ende ist. Danach
folgt der Wert des _id-Feldes, hier: 1. Für das zweite Feld
geboren ist der Aufbau ähnlich. Das dritte Feld ist vom
Typ String, welcher den Typ-Identifikator 2 besitzt. Zwischen dem Feldnamen und Wert steht bei Strings dessen
Länge. Ganz am Ende des Dokuments finden wir wieder
das spezielle Symbol \0, um anzugeben, dass das Dokument zu Ende ist.

Durch diese Art der Speicherung ist MongoDB in der
Lage, Anfragen schneller zu beantworten als wenn die
Dokumente im JSON-Klartext vorliegen würden. Wäre

dies der Fall, müsste immer jedes einzelne Byte der Daten-
bankdatei gelesen werden. In BSON helfen Längen- und
Typangaben, um große Teile der Datei zu überspringen. In
Kapitel 3.3.3 schauen wir uns genauer an, wie Collection-
Scans und Filteranfragen auf BSON-Dokumenten durch-
geführt werden.

2.1.8 Import und Export von Dokumenten

Möchte man JSON-Dokumente, die in einer Textdatei liegen, importieren, kann dafür das Programm `mongoimport`
verwendet werden. Über Parameter gibt man an, in welche Datenbank und in welche Collection die in der Datei
enthaltenen Dokumente gespeichert werden sollen. Mit
`mongoexport` lässt sich aus einer MongoDB-Collection
eine JSON-Datei erzeugen.

```
$ mongoimport --db='test' \
              --collection='personen' \
              --file='personen.json'
$ mongoexport --db='test' \
              --collection='personen' \
              --out='personen.json'
```

`mongoimport` und `mongoexport` sind keine Befehle auf
der MongoDB Shell, sondern eigenständige Programme,
die direkt im Terminal ausgeführt werden müssen. Sie befinden sich in den sogenannten MongoDB Database Tools,
welche man separat herunterladen muss. Die Operationen,
die in den nun folgenden Abschnitten vorgestellt werden,
sind dagegen Kommandos für die MongoDB Shell. Um
sie zu verwenden, starten Sie also vorher die Shell mit
dem Befehl `mongosh`.

2.1.9 MongoDB Compass

Die meisten Kommandos und Beispiele in diesem Buch
werden wir anhand von der MongoDB Shell `mongosh`

kennenlernen. Mit MongoDB Compass gibt es jedoch auch eine grafische Benutzeroberfläche, die grundlegende Funktionen zum Finden, Einfügen und Ändern von Dokumenten beinhaltet, aber auch nützliche Tools zur Schemaanalyse, Anfrageplangenerierung, Index-Verwaltung, ein Aggregation-Pipeline-Editor und mehr.

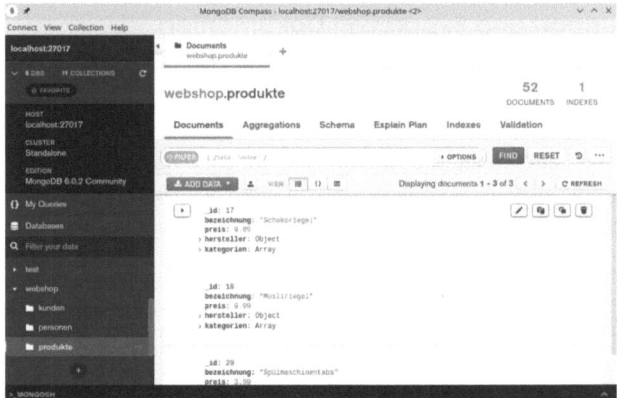

Nach dem Verbinden mit der MongoDB-Instanz ist im linken Bereich ein Schema-Browser zu finden, der alle Datenbanken und die darin befindlichen Collections zeigt. Ein Klick auf eine Collection zeigt ein Paar Dokumente an und ermöglicht es, eine Suche mit Selektion und Projektion durchzuführen.

Spannend ist auch der Reiter „Schema ", der die Dokumente in der Collection analysiert und uns deren Schema anzeigt, also welche Felder die Dokumente typischerweise besitzen, wie typische Werte und Wertebereiche aussehen, welche Datentypen zum Einsatz kommen und bei wie viel Prozent das Feld überhaupt gesetzt ist.

MongoDB Compass besitzt eine eingebaute Funktionalität, um Dokumente aus und in JSON- und andere Dateien zu importieren und exportieren. Auch für für das Management von Indexen und auch für komplexere Anfragen mithilfe der Aggregation Pipeline bringt MongoDB Compass passende Funktionen mit. Das Programm ist sehr übersichtlich und relativ selbsterklärend. Mit wenigen Klicks lassen sich die wichtigsten Funktionen schnell erkunden.

2.2 Datenbankanfragen

Gerne wird das Akronym CRUD dafür verwendet, um vier grundlegende Datenbankoperationen zu beschreiben: *Create*, *Read*, *Update* und *Delete*. Die Tabelle 2.1 zeigt die zu diesen Operationen korrespondierenden Befehle in SQL sowie in MongoDB.

	Bedeutung	SQL	MongoDB
Create	Datensatz erzeugen	INSERT	insertOne|Many
Read	Datensätze lesen	SELECT	find, findOne
Update	Datensätze ändern	UPDATE	updateOne|Many
Delete	Datensätze löschen	DELETE	deleteOne|Many

Tabelle 2.1: CRUD-Operationen in SQL und MongoDB

CREATE darf nicht verwechselt werden mit dem CREATE-Kommando aus der SQL-DDL (Data Definition Language), denn alle CRUD-Operationen spielen sich auf der Datenebene und nicht auf der Metadatenebene ab. Wir werden zwar später sehen, dass MongoDB auch Kommandos zum Erstellen und Löschen von kompletten Collections bietet, aber diese spielen aufgrund der Schemaflexibilität keine so große Rolle wie in relationalen Datenbanken.

2.2.1 Collections

Was in einer relationalen Datenbank eine Tabelle ist, ist in MongoDB eine *Collection*. In eine solche Collection können beliebig strukturierte JSON-Dokumente gespeichert werden. Üblicherweise strukturiert man Dokumentendatenbanken jedoch meistens so, dass die Dokumente innerhalb einer Collection in etwa das gleiche Schema haben. Anders als bei SQL ist es aber nicht notwendig, dieses Schema vorher festzulegen. Es muss noch nicht einmal eine Collection erstellt werden. Sobald das erste Dokument in eine noch nicht existierende Collection eingefügt wird, legt sie MongoDB automatisch an.

Datenbanken

Collections sind nicht die einzigen Datenbankobjekte, die MongoDB kennt. Ähnlich wie Databases oder Schemas in verschiedenen relationalen Datenbanksystemen kennt auch MongoDB das Konzept „Datenbank". Wenn eine MongoDB-Instanz für unterschiedliche Anwendungen oder Anwendungsbereiche zum Einsatz kommen soll, ist es sinnvoll, für die einzelnen Bereiche unterschiedliche Datenbanken anzulegen, um die darin befindlichen Collections voneinander zu separieren. Zwei wichtigste Kommandos auf der MongoDB Shell beim Umgang mit Datenbanken sind `show dbs`, um sich alle Datenbanken anzeigen zu lassen, und `use`, um auf eine andere DB zu wechseln:

```
show dbs
```

```
use webshop
```

Sobald man mit `use` die Datenbank gewechselt hat, erfolgen alle ab nun folgenden Befehle auf dieser Datenbank.

 Achten Sie immer darauf, dass Sie auf der richtigen Datenbank arbeiten!

Die MongoDB Shell `mongosh` zeigt Ihnen an, auf welcher Datenbank Sie gerade arbeiten:

```
webshop>
```

Mit use kann man sogar auf eine nicht-existierende Datenbank wechseln. Sobald Sie dort Dokumente und damit Collections anlegen, wird die Datenbank erzeugt und
taucht beim nächsten Aufruf von show dbs in der Liste
mit auf.

Collections innerhalb einer Datenbank
Datenbankübergreifend dürfen Collections gerne auch
gleich heißen. Innerhalb einer Datenbank sind deren Namen jedoch stets eindeutig. Der folgende Befehl dient zum
Anzeigen aller Collections in einer DB:

```
show collections
```

Neue Collections werden automatisch angelegt, sobald
man das erste Mal etwas in sie einfügt. Entfernt man
wieder alle Dokumente, bleibt die Collection jedoch weiter
vorhanden. Ein vollständiges Entfernen kann man mit dem
drop-Kommando erreichen:

```
db.meineCollection.drop()
```

Der Vollständigkeit halber sei noch zu erwähnen, dass
es den Befehl db.createCollection('...') gibt, der
immer dann sinnvoll ist, wenn man ihm weitere Optionen
übergeben möchte, z. B. eine Maximalgröße für die anzu-
legende Collection. Sie können online in der MongoDB-
Dokumentation nachschlagen, welche Optionen es gibt
und wie man sie verwendet. In späteren Teilen dieses
Buchs werden wir den Befehl noch ein Paar Mal kurz zu
Gesicht bekommen.

2.2.2 Einfügen von Dokumenten
Fast alle MongoDB-Funktionen nehmen als Parameter
JSON-Dokumente entgegen. Bei der Einfügeoperation
insertOne ist dies das einzufügende Dokument. In den
folgenden beiden Anfragen werden zwei Dokumente in

die Personen-Collection eingefügt. Das Feld `_id` kann
gesetzt werden, muss aber nicht. Lässt man es weg, teilt
MongoDB dem neuen Dokument eine automatisch generierte Objekt-ID zu.

```
db.personen.insertOne({name: "Pia"})
db.personen.insertOne({_id:5, name:"Ed"})
```

Der zweite Befehl schlägt fehl, wenn es in der Personen-
Collection bereits ein Dokument mit der `_id` 5 gibt, da
diese in jedem Fall innerhalb einer Collection eindeutig
sein muss.

Möchte man mehrere Dokumente auf einmal hinzufügen, gibt es dafür den Befehl `insertMany`. Er nimmt
einen Array mit Dokumenten entgegen, daraufhin werden
alle Dokumente eingefügt. Schlägt das Einfügen eines Dokumentes fehl, bricht der Befehl ab und fügt die danach
folgenden Dokumente nicht mehr ein.

```
db.personen.insertMany([{ name: "Paul" },
   {name:"Ute"}, { _id:9, name:"Katja" }])
```

2.2.3 Dokumente finden

In diesem Abschnitt geht es darum, in Collections nach
Dokumenten zu suchen, die gewisse Kriterien erfüllen.

find() und findOne()

Die Methoden `find` und `findOne` haben die gleichen Parameter, liefern aber zwei unterschiedliche Dinge. Das
Resultat der ersten Methode ist ein sogenannter *Cursor*,
über den man innerhalb einer Anwendung iterieren kann.
Solange der Cursor sagt, dass es weitere Dokumente gibt,
kann man immer wieder `next` aufrufen, um die gefundenen Dokumente nach und nach abzurufen. Die `findOne`-
Methode liefert ein einziges Dokument. Wurde keins gefunden, ist das Resultat der Methode `null`, wurden meh-

rere gefunden, ist das Resultat irgendeines der gefunden
Dokumente.

```
db.personen.find()
```

Verwendet man die find-Methode ohne Parameter, werden alle Dokumente der angegebenen Collection gefunden
(hier: personen). Bei großen Ergebnismengen zeigt die
MongoDB Shell jedoch nur die ersten zwanzig Resultate
an, gefolgt von einem Type "it" for more. Will man
also mehr sehen, gibt man den Befehl zum iterieren ein,
der die nächsten zwanzig Dokumente anzeigen lässt:

```
it
```

Die findOne-Methode liefert nur ein einziges Dokument
aus der Collection (oder null). Dies ist hilfreich, wenn
man weiß, dass ohnehin nur genau ein (oder kein) Dokument gefunden wird, beispielsweise, wenn man das Dokument mit einer bestimmten _id sucht. Außerdem kann das
Kommando dazu verwendet werden, sich anzuschauen,
wie typischerweise die Dokumente innerhalb einer Collection aussehen, also welche Felder sie haben. findOne()
ohne Parameter liefert einfach irgendein Dokument aus
der Collection:

```
db.personen.findOne()
```

```
{
    "_id": "p37",
    "vorname": "Sebastian",
    "nachname": "Müller-Lüdenscheidt"
}
```

2.2.4 Sortieren und Limitieren

Das Ergebnis eines find-Aufrufs ist wie bereits geschrieben ein sogenannter Cursor. Und der lässt sich, bevor man
über die Ergebnisse iteriert, nach gewissen Kriterien sor-

tierten. Zusammen mit der `limit(k)`-Methode kann man sich auf diese Art auch die Top-k-Ergebnisse generieren lassen. Die folgende Anfrage liefert alle Personen, aufsteigend sortiert nach ihrem Geburtsjahr:

```
db.personen.find().sort({ geboren: 1 })
```

Möchte man die Personen absteigend nach Geburtsjahr sortieren, verwendet man stattdessen die Richtung -1:

```
db.personen.find().sort({ geboren: -1,
                          vorname: 1 })
```

Im gerade gezeigten Beispiel wurde nach zwei Feldern sortiert. Das heißt, wenn zwei Personen das gleiche Geburtsjahr haben, kommt diejenige Person zuerst, die den lexikographisch kleineren Namen hat. Die 1940 geborene Ulrike erscheint also vor dem 1938 geborenen Paul, aber hinter dem ebenfalls 1940 geborenen Mike.

Der folgende Aufruf sorgt dafür, dass die Ergebnismenge nur aus maximal fünf Dokumenten besteht. Da kein `sort` verwendet wurde, kann es sich um fünf beliebige Dokumente handeln.

```
db.personen.find().limit(5)
```

In Verbindung mit `sort` und `limit` wird auch gerne der `skip`-Operator verwendet. Es werden zwar so viele Dokumente ausgegeben, wie als Limit angegeben wurde, allerdings wird vorher eine gewisse Anzahl von Dokumenten übersprungen:

```
db.personen.find()
  .sort({ gehalt: -1 }).limit(5).skip(10)
```

Zur Erklärung: Hier wird nach Gehalt absteigend sortiert. Die am meisten verdienenden zehn Personen werden jedoch übersprungen und erst die danach folgenden fünf ausgegeben. Bei Anwendungen, die eine Blätterfunktion für Suchergebnisse bieten, kommen solche Anfragen oft zum Einsatz. Die gerade gezeigte Anfrage liefert quasi die „Seite 3", wobei jede Seite fünf Personen zeigt.

 Es ist zu beachten, dass MongoDB Sortieren im Arbeitsspeicher ausführt und dafür standardmäßig maximal 100 MB RAM reserviert. Überschreiten die zu sortierenden Daten dieses Limit, kommt ein Fehler, welcher sich mit der Methode `allowDiskUse` vermeiden lässt.

```
db.personen.find()
  .sort({ gehalt : -1 }).allowDiskUse()
```

Die Methode `allowDiskUse` erlaubt es MongoDB, Zwischenergebnisse, die beim Sortieren großer Datenmengen anfallen, auf die Festplatte auszulagern. Dies macht die Ausführung aber natürlich dementsprechend langsamer.

2.2.5 Projektion

Die `find`-Methode kann bis zu drei Parameter haben. Der erste beinhaltet die Kriterien für eine Selektion (siehe Kapitel 2.2.6), der zweite die Infos für eine Projektion, also welche Felder man gerne im Ergebnis haben möchte, und der dritte Parameter weitere Optionen. Wie wir schon gesehen haben, funktioniert `find` auch ganz ohne Parameter, alle drei sind optional. Wollen wir nur eine Projektion und keine Selektion durchführen, setzen wir den ersten Parameter einfach auf { }, was dafür sorgt, dass alle Dokumente gefunden werden.

```
db.personen.find({ }, { name:1 })
```

Bis auf sehr wenige Ausnahmen, nehmen alle MongoDB-Methoden als Parameter JSON-Dokumente entgegen.

Ähnlich wie beim Sortieren, verwenden wir zur Projektion die Namen der zu projizierenden Spalten. Die Werte 1 und 0 stehen hier für Ja und Nein. Würde man mit { name : 0 } eine sogenannte Drop-Projektion durchführen, beinhalten die Ergebnisdokumente alle Felder eines Dokuments außer das Feld name. Bei { name: 1 } könnte man meinen, dass nur das Feld name ausgegeben wird. Das stimmt aber nur fast, da die _id im Ergebnis standardmäßig immer vorhanden ist. Es ist jedoch möglich, diese manuell auszuschließen:

```
db.personen.find({ }, { name:1, _id:0 })
```

Für die Projektion sind folgende Kombinationen sinnvoll:
- nur Einsen (nur diese Felder (plus die _id)),
- nur Nullen (alle Felder außer diese),
- nur Einsen und ein _id:0 zum Ausschluss der _id,
- { } (alle Felder; Standard).

2.2.6 Selektion

Eine Selektion wird auch Filter genannt. Sie sorgt dafür, dass nur Dokumente gefunden werden, die gewisse Kriterien erfüllen. Da die Kriterien als JSON-Dokument übergeben werden, haben wir in MongoDB eine Art *Query-by-Example*. Wir übergeben der find-Methode also ein Beispieldokument, was zeigt, wie die Ergebnisdokumente auszusehen haben:

```
db.personen.find({ name : "Gregor" })
db.personen.find({ name : "Gregor",
                   geboren: 1990 })
db.personen.find({ geboren :
              { $gt:1960 } })
db.personen.find({ geboren :
              { $gt:1960, $lte:2000 } })
db.personen.find({ geboren :
```

```
                    { $exists:true } })
```

Das erste Kommando findet alle Personen mit dem Namen
Gregor, für das zweite muss zusätzlich noch das Geburtsjahr 1990 sein. Die Kriterien sind also Und-verknüpft. Das
Kommando danach ist eine sogenannte Bereichsanfrage.
Bei diesen ist der Wert des zu filternden Feldes ein Dokument, welches aus dem Vergleichsoperator als Schlüssel
und dem zu vergleichenden Wert besteht. Wir finden also
Personen, deren Geburtsjahr größer als ($gt: greater than)
1960 ist. Das vierte Kommando zeigt, wie eine Intervallsu-
che durchgeführt wird. Es werden alle Personen gefunden,
die im Feld geboren einen Wert größer als 1960 stehen
haben, aber kleiner oder gleich 2000. Wichtig ist, dass
die beiden Kriterien in nur einem Subdokument stehen.
Der Ausdruck {geboren: { $gt:1960 }, geboren:
{ $lte:2000}} ist kein gültiges JSON, da jedes Feld
(hier: geboren) nur einmal vorkommen darf. Das letzte Kommando findet alle Dokumente, in denen das Feld
geboren vorhanden ist.
Hier ein paar Vergleichsoperatoren:
- $lt, $gt: kleiner/größer ($<$ bzw. $>$)
- $lte, $gte: kleiner/größer oder gleich ($\leq$ bzw. $\geq$)
- $eq, $ne: gleich/ungleich ($=$ bzw. $\neq$)

Die Vergleiche können auf allen Feldern durchgeführt werden, auf denen eine Ordnung existiert. Es sind also nicht
nur numerische Vergleiche, sondern auch alphabetische
Textvergleiche möglich. Die folgende Anfrage findet alle
Personen, deren Name mit S beginnt:

```
db.personen.find({ name :
            { $gte:"S", $lt:"T" } })
```

Komplexere Textsuchen sind mit regulären Ausdrücken
möglich. In diesem Buch möchten wir darauf allerdings
nicht detailliert eingehen, sondern nur ein Beispiel nennen,
wie die gerade gezeigte Suche (Personen, deren Name mit

S beginnt) mittels $regex durchgeführt werden kann:

```
db.personen.find({ name:{$regex:/^S/} })
```

Oder-Verknüpfung von Prädikaten
Wie bereits erwähnt, sind Prädikate Und-verknüpft. Ein
Dokument kommt also in die Ergebnismenge, wenn alle
Prädikate erfüllt sind. Möchte man mehrere Prädikate nen-
nen, von denen es reicht, wenn eins erfüllt ist, packt man
diese in einen Array und verwendet den $or-Operator:

```
db.personen.find({ $or: [
{ name: "Gregor" }, { name: "Pia" } ] })
```

2.2.7 Dokumente zählen

Wenn man nicht die Ergebnisse einer Abfrage wissen
möchte, sondern nur die Anzahl der gefundenen Dokumente, kann die count-Methode hilfreich sein. Sie kann direkt
auf einem Cursor (z. B. nach einem find-Aufruf) ange-
wendet werden. Um die gesamte Anzahl an Dokumenten
in einer Collection zu ermitteln, wird countDocuments
verwendet. Die folgenden beiden Anfragen liefern die Gesamtzahl aller Dokumente in der Personen-Collection bzw.
Anzahl der Personen mit dem Namen Gregor:

```
db.personen.countDocuments()
db.personen.find({name:"Gregor"}).count()
```

2.2.8 Änderungsoperationen

Zum Ändern bereits existierender Dokument können die
Befehle replaceOne, updateOne oder updateMany verwendet werden. Diese Befehle haben gemeinsam, dass
man zunächst ein Kriterium angibt, was bestimmt, welches Dokument bzw. welche Dokumente geändert werden
sollen. Der zweite Parameter beinhaltet die durchzufüh-

rende Änderung und im dritten Parameter lassen sich Optionen setzen.

Vollständiges Ersetzen

`replaceOne` nimmt als zweiten Parameter ein neues, vollständiges Dokument entgegen. Dasjenige Dokument, welches das im ersten Parameter angegebene Kriterium erfüllt, wird durch das übergebene neue Dokument ersetzt. Im neuen Dokument darf sich die `_id` des Dokuments nicht verändert haben. Wenn man sich also nicht sicher ist, dass die `_id` den gleichen Wert hat wie vorher, lässt man sie am besten einfach weg. Sie bleibt dann unverändert. Ein typischer Anwendungszweck für `replaceOne` ist folgender: Man hat schon ein Dokument vorliegen (z. B. weil man es sich mit `findOne` geholt hat), nun ändert man es lokal und persistiert diese Änderungen mittels `replaceOne` in der Datenbank:

```
p = db.personen.findOne( [ _id: 5 } );
p.geboren = 1971;
db.personen.replaceOne( {_id:p._id }, p)
```

Das hier angegebene Kriterium basiert auf dem `_id`-Feld, es wird also nie mehr als ein Dokument gefunden.

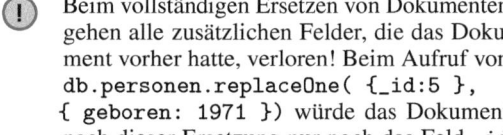 Beim vollständigen Ersetzen von Dokumenten gehen alle zusätzlichen Felder, die das Dokument vorher hatte, verloren! Beim Aufruf von `db.personen.replaceOne( {_id:5 }, { geboren: 1971 })` würde das Dokument nach dieser Ersetzung nur noch das Feld `_id` und `geboren` besitzen.

Upsert

Unter einem Upsert versteht man eine Mischung aus einem Update und Insert - in unserem Falle aus einem `replaceOne` und `insertOne`. Ist das im `replaceOne`-Befehl angegebene Kriterium für mindestens ein Doku-

ment erfüllt, wird das Ersetzen wie gehabt ausgeführt.
Trifft es auf kein Dokument zu, wird das im zweiten Parameter angegebene Dokument neu eingefügt. Gibt man
im ersten oder zweiten Parameter (Kriterium oder neues
Dokument) eine _id an, erhält das neue Dokument diese,
andernfalls eine automatisch generierte.

```
db.personen.replaceOne({name: "Mario X."},
    { name: "Mario" }, {upsert: true})
db.personen.replaceOne({_id: 7},
    { name: "Mario" }, {upsert: true})
```

Das erste Beispiel fügt eine Person mit dem Namen Mario in die Personen-Collection ein, falls es keine Person
mit dem Namen Mario X. gibt. Die _id wird dann automatisch generiert. Ist ein Mario X. vorhanden, wird das
entsprechende Dokument ersetzt. Im zweiten Beispiel erhält das eventuell neu erzeugte Dokument die _id 7.

Modifikation von Dokumenten

Statt ein Dokument vollständig in der Collection durch
eine abgeänderte Version des Dokuments zu ersetzen, bietet MongoDB auch Methoden, um direkte Änderungen
an Dokumenten vorzunehmen, und zwar mit den Befehlen updateOne und updateMany. Die beiden folgenden
Befehle ändern das Gehalt einer bestimmten Person bzw.
allen Personen, die ein Kriterium erfüllen:

```
db.personen.updateOne({_id:7},
    {$set: {gehalt:70000}})
db.personen.updateMany(
    {gehalt:{$lt:70000}},
    {$set: {gehalt:70000}})
```

Mit dem $set-Operator werden die gegebenen Felder im
Dokument gesetzt. Hat das Dokument bereits das Feld
gehalt, wird nun der Wert überschrieben. Hat es das

Feld noch nicht, bekommt es dies nun. Alle anderen Felder bleiben unberührt und behalten ihre Werte. Weitere Operationen, die im updateOne- und updateManyBefehl verwendet werden können, sind beispielsweise $inc und $unset, um den Wert eines Feldes um einen bestimmten Wert zu erhöhen bzw. um ein Feld komplett zu entfernen. Das folgende Beispiel zeigt drei Befehle, die das Gehalt einer Person inkrementieren (um eins erhöhen), dekrementieren (um eins erniedrigen) und um das Gehalt-Feld aus dem Dokument zu entfernen.

```
db.personen.updateOne({_id:7},
   {$inc: {gehalt:1}})
db.personen.updateOne({_id:7},
   {$inc: {gehalt:-1}})
db.personen.updateOne({_id:7},
   {$unset: {gehalt:""}})
```

Wie der Name schon sagt, ändert der updateOne-Befehl immer nur ein Dokument. Sollte das angegebene Kriterium aber von mehreren Dokumenten erfüllt werden, wird nur irgendeines der Dokumente geändert. Um alle gefundenen Dokumente zu ändern, verwenden wir updateMany:

```
db.personen.updateMany(
   { geboren: { $gt:2010} },
   { $set: { geboren: "zu jung"} } )
```

Auf der MongoDB Shell sehen wir nach dem Ausführen von Update-Befehlen, wie viele Dokumente geändert wurden. Manchmal ist es ganz nützlich, sich gleichzeitig auch die Dokumente selbst ausgeben zu lassen. Dazu können die Befehle findOneAndUpdate und findAndModify verwendet werden. Beide ändern ein einziges Dokument und liefern dies zurück. Sie sind also eine Kombination aus findOne und updateOne.

```
db.personen.findOneAndUpdate( { _id: 5 },
  { $set: {gehalt:80000} } )
```

Das gezeigte Kommando ändert das Gehalt der Person
5 und liefert den alten Zustand des Dokuments (vor der
Änderung) zurück.

Während die Syntax von findOneAndUpdate der eines updateOne-Kommandos ähnelt, muss man der find-
AndModify-Methode ein Objekt mit den Feldern query
und update übergeben:

```
db.personen.findAndModify(
  { query: {geboren: {$gt:2010}},
    update: { $set: { geboren: null }},
    new: true })
```

Da hier new: true gesetzt wurde, wird das geänderte
Dokument in seinem neuen Zustand nach der Änderung
ausgegeben. Standardmäßig zeigt der Befehl nämlich -
genau wie findOneAndUpdate den alten Zustand des
Dokuments, den es vor der Änderung hatte. Findet die
angegebene Query mehrere Dokumente, wird nur eines
von ihnen geändert und zurückgegeben. Findet sie keines,
kommt null zurück. Um also alle Dokumente, die das
angegebene Kriterium erfüllen, zu ändern und auszugeben,
kann man das Kommando in einer Schleife ausführen:

```
while(true) {
  p = db.personen.findAndModify(
    { query: {geboren: {$gt:2010}},
      update: { $set: { geboren: null }},
      new: true });
  if(p == null) { break; }
  print(p.name + "s neues Geburtsjahr: "
      + p.geboren);
}
```

2.2.9 Dokumente löschen

Zum Löschen von Dokumenten verwendet man die Methoden `deleteOne` bzw. `deleteMany`. Erstere löscht nur ein einziges Dokument, letztere löscht alle Dokumente, die das übergebene Kriterium erfüllen. Genau wie bei `find` können auch im Lösch-Kriterium neben einfachen Vergleichen die weiter oben genannten Operatoren (`$gt`, `$or`, ...) verwendet werden. Jedoch können `deleteOne` und `deleteMany` nicht komplett ohne Parameter aufgerufen werden. Das folgende Beispiel zeigt neben zwei Kriterium-basierten Löschbefehlen auch zwei Befehle, um alle Dokumente einer Collection auf einmal zu entfernen.

```
db.personen.deleteOne({_id:7})
db.personen.deleteMany(
        {geboren: {$gt:1960}})
db.personen.deleteMany({})
db.personen.drop()
```

Die beiden unteren Befehle unterscheiden sich dadurch, dass `deleteMany({})` alle Dokumente einzeln nacheinander löscht und danach die leere Collection weiterhin bestehen bleibt. Der `drop`-Befehl läuft deutlich effizienter, da er die Collection auf einen Schlag entfernt. Sie wird unter `show collections` also nicht mehr angezeigt.

 Trifft das im `deleteOne`-Kommando übergebene Kriterium auf mehrere Dokumente zu, wird nur irgendeines von ihnen gelöscht.

2.3 Komplexe Datentypen

Wie bereits in der JSON-Einführung zu sehen war, können die Felder in MongoDB-Dokumenten nicht nur atomare Werte wie Zahlen oder Zeichenketten enthalten, sondern auch Subdokumente und Arrays. In diesem Abschnitt

schauen wir uns an, wie man auf die Werte dieser Felder
lesend und modifizierend zugreifen kann.

2.3.1 Subdokumente / Dot-Notation

Mittels Subdokumenten sind beliebige Schachtelungen
innerhalb von Dokumenten möglich. Sie erlauben die Modellierung von Unterattributen, Unterunterattributen und
so weiter. In den vorherigen Beispielen hatten wir in unserer Personen-Collection im Feld `geboren` ein Geburtsjahr
gespeichert. Betrachten Sie folgende Modellierung, in der
das Feld ein Subdokument bestehend aus einem Geburtsjahr und -ort darstellt:

```
{ _id:1, name:"Franka",
  geboren: { jahr:2007, ort:"Köln" } }
```

MongoDB erlaubt einen Zugriff auf die Unterfelder eines
Feldes mittels Dot-Notation. Wie in der folgenden Anfrage zu sehen, navigiert man sich einfach mittels Punkten
durch die Unterfelder:

```
db.personen.find({"geboren.ort":"Köln"})
```

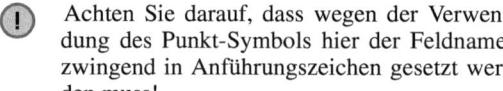 Achten Sie darauf, dass wegen der Verwen-
dung des Punkt-Symbols hier der Feldname
zwingend in Anführungszeichen gesetzt werden muss!

Sowohl bei der Selektion, als auch bei der Projektion und
beim Modifizieren von Dokumenten kann auf Felder von
Subdokumenten mittels Dot-Notation zugegriffen werden.
Die folgenden beiden Anfragen auf Subdokumenten sind
eher unüblich und sollen zeigen, was passiert wenn man
die Dot-Notation nicht verwendet.

```
// So nicht machen:
db.personen.find({geboren:{ort:"Köln"}})
db.personen.find({geboren:
    { jahr:2007, ort:"Köln" } } )
```

Die erste Anfrage würde auf das oben stehende Dokument (Franka) nicht zutreffen. Es werden nur Dokumente gefunden, bei denen das Feld geboren exakt den angegeben Wert hat, also genau diese Felder in genau der angegebenen Reihenfolge mit genau diesen Werten und keine weiteren Felder. Die zweite Anfrage würde Franka zwar finden, aber nur solange es exakt diesen geboren-Wert hat. Käme der Ort vor dem Jahr oder gäbe es noch weitere Felder, würde die Anfrage nicht zutreffen. Genau deshalb sollte für solche Fälle immer die Dot-Notation verwendet werden.

Mit der folgenden Anfrage wird der Geburtsort des oben stehenden Dokuments geändert. Durch die Verwendung der Dot-Notation bleibt das Jahr erhalten.

```
db.personen.updateOne({_id:1},
    {$set :{"geboren.ort":"Köln-Nippes"}})
```

2.3.2 Arrays

Wir erweitern unser Beispiel, sodass jede Person einen Array von Hobbys hat. Wie bereits zu Beginn des Buches beschrieben, haben Arrays in MongoDB eine flexible Größe und sie sind geordnet. Sie können Duplikate und Elemente beliebigen Typs enthalten.

```
{ _id:1, name: "Franka",
  hobbys: ["Tennis", "Yoga"] }
```

Wenn man eine Selektion wie man es auf atomaren Feldern gewohnt ist, auf Arrays ausführt, wird ein Prädikat als wahr ausgewertet, wenn es für mindestens ein Element im

Array wahr ist. Um alle Personen zu finden, die als eines ihrer Hobbys Yoga angegeben haben, ist also ein einfacher Vergleich ausreichend:

```
db.personen.find({hobbys: "Yoga"})
```

Mit dem $all-Operator kann überprüft werden, ob ein Array jedes der angegebenen Elemente enthält. Die folgende Anfrage findet alle Personen, die sowohl Yoga als auch Tennis als Hobby angegeben haben. Die Reihenfolge sowie eventuell weitere vorhandene Hobbys sind egal.

```
db.personen.find({hobbys:
    {$all: ["Yoga", "Tennis"]}})
```

Mit dem update-Befehl lässt sich mittels des $set-Operators ein gegebener Array vollständig ersetzen. Da dies bis auf für das Leeren eines Arrays (siehe im nächsten Beispiel) selten benötigt wird, bietet MongoDB nützliche Operatoren, die innerhalb eines update-Befehls dazu genutzt werden können, die einzelnen Elemente eines Arrays zu bearbeiten.

```
db.personen.updateOne({_id:1},
  {$set:{hobbys:[]}})
db.personen.updateOne({_id:1},
  {$push:{hobbys: "Schwimmen"}})
db.personen.updateOne({_id:1},
  {$pull:{hobbys: "Schwimmen"}})
db.personen.updateOne({_id:1},
  {$addToSet:{hobbys: "Schwimmen"}})
```

Der erste Befehl leert den Array, der zweite fügt mittels der push-Operation der Person das Hobby Schwimmen hinzu. Die pull-Operation entfernt alle entsprechenden Vorkommen im Array. Käme also bei einer Person das Hobby Schwimmen mehrfach vor, hätte sie es nach der

Ausführung dieses Befehls gar nicht mehr. Ist das Element gar nicht im Array enthalten, ändert `pull` am Array nichts. Ähnlich zu `push` fügt auch der `addToSet`-Operator ein Element in den Array ein, allerdings nur, wenn dieses noch nicht im Array vorhanden ist. Arbeitet man auf einem Array also immer nur mit der `addToSet`-Operation, ist garantiert, dass der Array keine Duplikate enthält. Somit kann er dann als Menge (engl. *Set*) angesehen werden.

2.4 Capped Collections

Der Befehl `createCollection` kommt in diesem Buch wenig zum Einsatz, da eine Collection angelegt wird, sobald man das erste Dokument in ihr speichert. Es gibt jedoch einige Optionen, die es erfordern, eine Collection explizit anzulegen, bevor man das erste Dokument darin einfügen kann. Die `capped`-Option erlaubt das Erstellen einer Capped Collection, also einer Collection mit Maximalgröße. Wird die in Bytes angegebene Maximalgröße überschritten, wird das älteste Dokument der Collection gelöscht und somit Platz für ein neues Dokument gemacht.

```
db.createCollection("wetterdaten",
  { capped:true, size:1024*1024 })
```

2.5 Datenmodellierung

In relationalen Datenbanken sieht die Datenmodellierung meist so aus, dass man Tabellen angelegt und diese mittels Fremdschlüsseln miteinander referenziert. In MongoDB und vielen anderen NoSQL-Datenbanken richtet sich die konkrete Modellierung der Daten danach, welche typischen Anfragen auf die Daten gestellt werden. Betrachten wir nun dazu zwei Modellierungsalternativen für eine Produktdatenbank:

```
// Alternative 1: Collection "produkte"
{
  "_id": 17,
  "bezeichnung": "Schokoriegel",
  "preis": NumberDecimal("0.89"),
  "hersteller": {
     "firma": "Monsterfood",
     "land": "USA"
  }
}
```

Bei dieser ersten Alternative fällt auf, dass bei anderen
Produkten des gleichen Herstellers immer wieder die gleiche Information (Monsterfood und USA) redundant ab-
gespeichert werden muss. Auf der anderen Seite eignet
sich diese Art der Speicherung aber hervorragend dazu
alle Details zu einem bestimmten Produkt zu finden, samt
den Herstellerinfos. Nun die alternative Modellierung:

```
// Alternative 2: Collection "hersteller"
{
  "_id": "Monsterfood",
  "land": "USA",
  "produkte": [ {
     "produktnr": 17,
     "bezeichnung": "Schokoriegel",
     "preis": NumberDecimal("0.89")
  } ]
}
```

Diese Art der Speicherung eignet sich bestens dafür, alle
Produkte eines bestimmten Herstellers auszugeben. Jedoch ist zu beachten, dass bei dieser Variante auch schnell
sehr große Dokumente entstehen können, was zu vermeiden ist. MongoDB hat standardmäßig ein Größenlimit von
16 MB pro Dokument.

Natürlich ist es auch denkbar, ähnlich wie in relationalen Datenbanken, mit Referenzen zu arbeiten:

```
{
  "_id" : "Monsterfood" ,
  "land" : "USA" ,
  "produkte" : [ 17, 18 ]
}
```

Die eigentlichen Produktdetails werden hier in eine separate Produkt-Collection ausgelagert. Dieser Ansatz ist in der Regel in MongoDB jedoch nicht empfehlenswert. Anfragen auf mehreren Collections, vor allem wenn die zu verbindenden Dokumente auf verschiedenen Rechnern gespeichert werden, sind alles andere als performant. Daher sind die beiden oben gezeigten Alternativen deutlich bessere Beispiele. Man nennt das Vorgehen *Embedding*. In ein Dokument werden also die dazugehörigen Entitäten eingebettet. Wir speichern die Herstellerdetails direkt in den Produkt-Dokumenten, zusammen mit allen anderen Details. Oder andersrum: Wir speichern einen Array aller Produkte im Herstellerdokument. Für welche Alternative man sich entscheidet, hängt von typischen Anfragen ab, die man auf den Dokumenten stellt.

In der Praxis sind auch kombinierte Ansätze üblich. Stellen Sie sich vor, Sie speichern zu jedem Produkt dessen Herstellerinfos und zusätzlich in einer separaten Collection zu jedem Hersteller einen Array mit seinen Produkten. Dies ermöglicht schnelle Suchanfragen in beide Richtungen, erfordert aber natürlich Einfügungen und Änderungen an mehreren Stellen, wenn es neue Produkte gibt oder Anpassungen vorgenommen werden sollen.

Ein anderer interessanter Ansatz ist es, zu jedem Hersteller nur zehn seiner Produkte in einem Array zu speichern. Das reicht für eine Kurzübersicht auf einer Webseite absolut aus. Will man aber alle Produkte eines Herstellers durchblättern oder suchen, wird dies auf der Produkte-

Collection gemacht, die alle enthält. Solche Optimierungen und hybriden Ansätze müssen individuell für jeden Anwendungsfall überlegt und evaluiert werden.

2.6 GridFS

In den bisher gezeigten Beispielen speicherten wir textuelle Daten, Zahlen und so weiter. Wenn Datenbanken jedoch auch mit Binärdaten umgehen sollen, also beispielsweise Bildern, Tondateien oder Videos, gibt es für diese keine vernünftige JSON-Repräsentation. Ein Ansatz ist das Auslagern dieser Binärdaten auf einen File-Server. Das heißt, man speichert ein Bild gar nicht in der MongoDB-Datenbank, sondern auf irgendeinem Server in einem Ordner. Im eigentlichen MongoDB-Dokument wird dann lediglich der Dateiname vermerkt. Hier kann es dann natürlich aber passieren, dass Referenzen ins Leere zeigen, beispielsweise wenn eine Datei mal gelöscht wird. Und wer kümmert sich darum, Dateien aufzuräumen und zu löschen, die nicht mehr referenziert werden? Darüber hinaus muss man auch eine Strategie entwickeln, um bei einem Datenbank-Backup auch die Dateien mitzusichern. Und welche Server verwendet man überhaupt? Wer kümmert sich bei diesen um Hochverfügbarkeit, Ausfallsicherheit und verteilte Speicherung?

MongoDB bietet für solche Fälle ein eigenes verteiltes Dateisystem namens `GridFS`. In den MongoDB Database Tools gibt es das Programm `mongofiles`, um eine lokale Datei ins GridFS abzuspeichern und um auf die im GridFS gespeicherten Dateien zuzugreifen:

```
$ mongofiles put video.mp4 --db webshop
$ mongofiles list --db webshop
video.mp4 85209330
```

Im Hintergrund passiert beim Hochladen der Datei fol-

gendes: MongoDB zerstückelt die Datei in 16 MB große
Chunks und legt für jeden Chunk ein Dokument in der
Collection fs.chunks an. Außerdem wird ein weiteres
Dokument in die Collection fs.files eingefügt, welches
den Dateinamen, eine eindeutige _id und zusätzliche Me-
tadaten enthält. Letztendlich wird die Datei also in ganz
normalen MongoDB-Collections gespeichert. Sie profi-
tiert dann also von allen Features wie Replikation und
Sharding und es kann leicht ein Backup der genannten
Collections angelegt und rückgespielt werden.

Möchte man nun auf eine Datei verweisen, um beispielsweise einem Produkt ein Video zuzuweisen, welches
in GridFS gespeichert ist, sucht man sich zunächst die _id
der entsprechenden Datei heraus und referenziert diese im
Produkt-Dokument:

```
v = db.fs.files.findOne(
   { filename: "video.mp4" }, { _id:1 } );
db.produkte.updateOne( { _id: 18 },
   { $set: {video: v._id}} );
db.produkte.findOne( { _id: 18 } );
```

```
{ "_id" : 18,
  "bezeichnung" : "Müsliriegel",
  "preis" : NumberDecimal("1.19"),
  "video": ObjectId("...") }
```

2.7 JavaScript

Wir schießen dieses Kapitel mit einem Beispiel ab, wel-
ches zeigt, was man mit der MongoDB Shell neben der
Ausführung einfacher Kommandos noch anstellen kann.
Da die MongoDB Shell die Programmiersprache Java-
Script verwendet, lassen sich Variablen setzen und Schlei-
fen formulieren.

So können wir eine Collection mit einhunderttausend
Dokumenten befüllen:

```
for(i = 1; i<=100000; i++) {
  db.personen.insertOne(
    {name: "Werner"+i, geboren: i})
}
```

Setzen wir eine Variable auf das Ergebnis eines find-Aufrufs, beinhaltet diese einen Cursor, mit dem wir über das Ergebnis iterieren können:

```
var pers = db.personen.find();
while(pers.hasNext()) {
  person = pers.next();
  print(person.name)
}
```

Die findOne-Methode liefert keinen Cursor, sondern sofort das gefundene Dokument (oder null). Das folgende Beispiel zeigt, wie man mittels JavaScript ein Feld eines Dokuments ändern kann. Zuerst holen wir uns das Objekt, dann ändern wir den Wert in einem Attribut und schließlich schreiben wir das Objekt zurück in die Datenbank:

```
var p = db.personen.findOne({_id:1});
p.wohnort = "Berlin";
db.personen.replaceOne({_id:p._id}, p);
```

In anderen Programmiersprachen (Python, Java, ...) erfolgt die Arbeit mit MongoDB analog. Zunächst muss eine Verbindung zur Datenbank hergestellt werden, und dann gibt es in den entsprechenden Client-Bibliotheken zu allen in diesem Buch gezeigten Kommandos ähnlich heißende Methoden und Funktionen. Wenn man verstanden hat, wie man auf der MongoDB Shell Einfügungen, Änderungen, Löschungen und Suchanfragen durchführt, versteht man schnell auch das Vorgehen bei der Anwendungsentwicklung. Später in diesem Buch schauen wir uns dazu noch Beispiele in der Programmiersprache Python an.

3. Performance

In diesem Kapitel geht es darum, die höchste Performance aus MongoDB herauszuholen. Dazu schauen wir uns zunächst an, wie MongoDB Anfragen auswertet und ausführt. Im zweiten Teil dieses Kapitels geht es um Indexe. Genau wie bei relationalen Datenbanken sind diese auch bei MongoDB dazu da, um Anfragen enorm zu beschleunigen. Zunächst beschäftigen wir uns jedoch mit Monitoring, Profiling und mit Anfrageplänen. Dadurch erhält man als Datenbankadministrator und Entwickler nämlich unter anderem wertvolle Hinweise, welche Indexe nützlich sein können.

3.1 Monitoring

Mittels Monitoring lässt sich eine Datenbank überwachen.
Einen ersten Anhaltspunkt, was auf der Datenbank gerade so los ist, gibt das Konsolenprogramm mongostat,
welches sich in den MongoDB Database Tools befindet:

```
$ mongostat
insert query update delete getmore ...
    *0    *0    *1    *0        0 ...

vsize  res qrw arw net_in net_out conn ...
1.48G 148M 0|0 1|0   157b   84.2k   17 ...
```

Es ist zu erkennen, dass im Moment eine Update-Query
läuft. MongoDB konsumiert gerade 148 MB RAM, kein
Client wartet aufs Lesen (qr) oder Schreiben (qw), ein
Client ist gerade aktiv beim Lesen (ar), keiner schreibt
gerade (aw). Insgesamt sind aktuell 17 Clients mit der
Datenbank verbunden.

Wir sehen also den momentanen Zustand der MongoDB-
Instanz. Will man den Zustand über eine bestimmte Zeit-
dauer beobachten, kann das Tool mongotop hilfreich sein.

```
$ mongotop 10
ns                      total    read    write
webshop.produkte        900ms    0ms     900ms
admin.system.roles      0ms      0ms     0ms
```

Der übergebene Parameter (10) steht dafür, dass 10 Sekunden gewartet und währenddessen die Aktivität der
MongoDB-Instanz beobachtet wird. Im angegebenen Zeit-
raum wurde im gezeigten Beispiel 900ms lang in die
Produkte-Collection geschrieben. Die restlichen 9,1 Sekunden war die Datenbank mehr oder weniger untätig.

Standardmäßig zeigt mongotop jede Sekunde die Aktivität in der vergangenen Sekunde an. So lässt sich auch
ein Verlauf sowie ein plötzlicher Anstieg oder Abfall der

Werte erkennen.

Um jedoch konkretere Analysen über die momentanen Aktivitäten auf der MongoDB-Datenbank zu erhalten, hilft das Kommando db.currentOp auf der MongoDB Shell, um sich aktuell laufende Anfragen anzeigen zu lassen und um diese abzubrechen:

```
db.currentOp()
db.currentOp(
  { op: { $nin: ["none", "command"] } })
```

Das erste Kommando zeigt auch ganz viele interne Operationen, beispielsweise die Info, dass ein Client einfach nur verbunden ist oder die Operation, die aufgrund vom db.currentOp()-Aufruf selbst angestoßen wurde. Im zweiten Kommando wurde ein Filter-Prädikat übergeben, welches solche Operationen herausfiltert. Hier ist eine Beispielausgabe des Befehls db.currentOp() zu sehen. Einige Felder in der Ausgabe wurden weggelassen.

```
{"inprog" : [ {
  "opid" : 24058,
  "op" : "insert",
  "ns" : "test.personen",
  "insert" : {
     "_id" : ObjectId("5650d1936b..."),
     "name" : "Werner7999",
     "geboren" : 7999
  },
  "client" : "127.0.0.1:45246"
} ]}
```

Die Operation, um die es sich hier handelt, gehört zu dem Mini-Programm aus Kapitel 2.7, welches zehntausend Dokumente in die Personen-Collection einfügt. Im Monitoring-Bericht sehen wir für diese Operation neben einer eindeutigen opid auch noch, dass es sich um eine insert-Operation auf der Collection personen in der Datenbank test handelt - das steht im Feld ns (Namespace). Das Objekt, welches eingefügt wurde, findet man im Feld insert. Es fällt auf, dass dieses das Feld _id enthält, auch wenn die ursprüngliche Anfrage die _id nicht gesetzt hat; sie wurde automatisch vergeben. Das client-Feld zeigt die IP-Adresse und den Port der Client-Anwendung.

Um eine aktuell laufende, lang dauernde Operation abzubrechen, kann man die killOp-Funktion unter Angabe ihrer opid aufrufen:

```
db.killOp(24058)
```

3.2 Profiling

Während man mit dem currentOp-Befehl nur die momentan laufenden Operationen auf der Datenbank betrachten kann, ermöglicht es das Profiling, uns die Operationen Post-Mortem anzuschauen, also nachdem sie gelaufen sind. Um Profiling zu aktivieren, startet man mongod mit dem Parameter --profile und dem gewünschten Profiling-Level:

```
$ mongod --profile 0
$ mongod --profile 1 --slowms 30
$ mongod --profile 2
```

Das Profiling-Level 0 ist der Standardfall, es wird nichts protokolliert. Will man alle langsamen Operationen protokollieren, verwendet man das Profiling-Level 1. Dazu muss man über den --slowms-Parameter angeben, ab welcher Laufzeit eine Operation als langsam eingestuft wird. In dem genannten Beispiel würden wir alle Operationen protokollieren, die länger als 30 Millisekunden dauern. Möchte man alles protokollieren, verwendet man das Profiling-Level 2. Dies ist für den Produktivbetrieb nicht geeignet, kann aber für kleine Tests hilfreich sein. Das Ändern des Profiling-Levels ist auch im laufenden Betrieb von der MongoDB Shell aus möglich:

```
db.setProfilingLevel(0)
db.setProfilingLevel(1, 30)
db.setProfilingLevel(2)
```

Lässt man den Server nun unter Angabe des Profiling-Levels 1 oder 2 laufen, kann man sich während des Betriebs die Collection `system.profile` anschauen, in der die zu protokollierenden Operationen gesammelt werden. Diese Collection ist eine Capped Collection mit einer Maximalgröße von standardmäßig einem Megabyte (siehe Kapitel 2.4). Möchte man die Maximalgröße erhöhen, kann man die Collection mit `drop` entfernen und eine neue Capped Collection anlegen. Vorher sollte man jedoch das Profiling-Level vorübergehend auf 0 stellen.

```
db.system.profile.find()
```

```
{
 "op" : "query",
 "ns" : "test.personen",
 "query" : {
    "wohnort" : "Hamburg"
 },
 "nscannedObjects" : 100000,
 "nreturned" : 1,
 "responseLength" : 98,
 "millis" : 32,
 "ts":ISODate("2015-11-27T10:22:59.877Z")
}
```

Auch hier wurden wieder einige Felder zur besseren Lesbarkeit weggelassen. Wir sehen wieder anhand vom op-Feld, um welche Art von Anfrage es sich handelt. In dem

Fall handelt es sich um eine `query`, also vermutlich um einen `find`-Befehl. Hier wurden alle Personen gesucht, die in Hamburg wohnen. Die Anfrage dauerte 32 Millisekunden und könnte noch deutlich effizienter ausgeführt werden. Das lässt sich daran erkennen, dass sich MongoDB einhunderttausend Dokumente anschauen musste (`nscannedObjects`), und nur ein einziges gefunden wurde (`nreturned`). Sollten sich viele solcher Einträge in der Profile-Log befinden, deutet das darauf hin, dass eine Anwendung des Öfteren solche Anfragen an die Datenbank schickt. Dann würde es sich lohnen, einen Index auf dem Feld `wohnort` in der Collection `personen` zu erstellen. Was das genau bedeutet und wie das geht, sehen wir in Kapitel 3.4.

3.3 Anfragepläne

Auch Anfragepläne und Ausführungsstatistiken geben hilfreiche Informationen über Datenbankanfragen sowie Hinweise darauf, welche Indexe sich lohnen können. Sendet ein Benutzer eine Anfrage an MongoDB, beschreibt er mittels eines Kommandos und dessen Parameter, *was* gefunden werden soll. *Wie* genau diese Anfrage ausgeführt wird, muss der Anfrageoptimierer von MongoDB entscheiden. Manchmal gibt es nämlich nicht nur eine Möglichkeit, eine Anfrage auszuführen, sondern mehrere. Dann wird sich logischerweise für die schnellste Möglichkeit entschieden.

3.3.1 Explain-Pläne

In MongoDB besteht ein Anfrageplan aus mehreren Schritten. Mit dem `explain`-Kommando kann man sich den Plan zu einer Anfrage anzeigen lassen. `explain()` lässt sich direkt hinter `find()`-Kommandos aufrufen:

```
db.personen.find({geboren:2007}).explain()
```

Alternativ dazu kann man mit sogenannten *Explainable Objects* arbeiten. Um ein solches zu erstellen, führt man `explain()` auf einer Collection aus. Auf dem Explainable Object kann man arbeiten wie auf der Collection. Der Unterschied ist nur, dass man statt des Resultats der Anfrage den Anfrageplan sieht.

```
e = db.personen.explain()
e.find({geboren:2007})
```

Wenn wir uns nun einen Anfrageplan anschauen, lesen wir ihn am besten von unten nach oben, oder besser gesagt: von innen nach außen. Ein Plan besteht nämlich aus mehreren Plan-Abschnitten (*Stages*), die nacheinander ausgeführt werden. Der innerste Plan-Abschnitt ist in den meisten Fällen ein Collection-Scan oder ein Index-Scan. Dieser dient dazu, erst einmal überhaupt an die Dokumente dran zu kommen. Danach können weitere Schritte wie Sortieren folgen.

```
db.personen.explain()
  .find({geboren:2007}).sort({name:1})
```

```
{
"stage" : "SORT",
  "sortPattern" : { "name" : 1 },
  "inputStage" : {
     "stage" : "COLLSCAN",
     "filter":{"geboren":{"$eq":2007}},
     "direction" : "forward" }
}
```

Der hier gezeigte Anfrageplan beinhaltet zwei Abschnitte. Fangen wir mit dem inneren Abschnitt an. Dies ist ein COLLSCAN. In diesem Collection-Scan wird über die komplette Personen-Collection Dokument für Dokument iteriert und sich zu jedem Dokument angeschaut, ob das Feld `geboren` den Wert 2007 hat. Alle in diesem Plan-Abschnitte gefundenen Dokumente werden anschließend im `SORT`-Abschnitt nach Namen sortiert. Mehr Details zum Collection-Scan folgen in Kapitel 3.3.3.

Es ist zu beachten, dass beim Anfordern eines Anfrageplans mittels `explain()` die eigentlich Anfrage überhaupt nicht wirklich ausgeführt wird. MongoDB schaut sich also gar nicht die tatsächlichen Daten an. Stattdessen bedient sich MongoDB aus seinen Metadaten und eventuell ein paar gesammelten Statistiken. Die Metadaten enthalten Informationen, welche Collections und welche Indexe es gibt. Außerdem erhalten sie die Info, welche Dokumente auf welchem Server gespeichert sind. Dies ist hilfreich, wenn Sharding eingesetzt wird (siehe Kapitel 5).

3.3.2 Ausführungsstatistiken

Beim Aufruf von `explain()` fordert wir einen Anfrageplan an, ohne die zu untersuchende Anfrage tatsächlich auszuführen. Alternativ können wir uns den Anfrageplan aber auch samt sogenannter Ausführungsstatistiken anschauen. In diesem Fall wird die Anfrage wirklich ausgeführt und wir sehen, ähnlich wie beim Profiling, Informationen über die Laufzeiten und die Anzahl der untersuchten und ausgegebenen Dokumente. Diese Laufzeiten und Anzahlen werden für jeden einzelnen Plan-Abschnitt angegeben. Dies macht es dem Datenbankadministrator leichter, eine gegebene Anfrage zu analysieren. Um sich Ausführungsstatistiken anzuzeigen, wird der `explain`-Befehl mit dem Parameter `"executionStats"` ausgeführt:

```
db.personen.explain("executionStats")
  .find({geboren:2007})
```

```
{
"executionStats" : {
  "executionSuccess" : true,
  "nReturned" : 1,
  "executionTimeMillis" : 37,
  "totalKeysExamined" : 0,
  "totalDocsExamined" : 100000, ...
}
```

In der hier abgebildeten Ausgabe wurden viele Felder zur besseren Lesbarkeit weggelassen. Die Ausgabe beinhaltet neben den hier stehenden Infos über den Erfolg, die Dauer und die Anzahl der durchsuchten und gefundenen Dokumente einer Anfrage auch den kompletten Anfrageplan unter Angabe all dieser Statistiken für jeden einzelnen Abschnitt.

3.3.3 COLLSCAN: Collection-Scan

Wir haben vorhin die Collection personen nach Dokumenten durchsucht, bei denen im Feld geboren der Wert 2007 steht. Dies ist in unserem Beispieldatensatz bei nur einem Dokument der Fall gewesen. Trotzdem mussten alle Dokumente durchsucht werden. Analog zum Table-Scan in relationalen Datenbanken heißt der Vorgang, jedes Dokument einer Collection zu betrachten und dann zu entscheiden, ob es das Filter-Kriterium erfüllt oder nicht, in MongoDB *Collection-Scan*.

Beinhaltet die zu durchsuchenden Collection Millionen oder gar Milliarden von Dokumenten und hat jedes dieser Dokumente sehr viele Felder, kann eine Collection schnell mehrere Gigabyte groß werden. Trotzdem muss MongoDB nicht jedes einzelne Byte lesen, um einen Collection-Scan durchzuführen. Da die Dokumente nicht im JSON-Klartext sondern im BSON-Format (siehe Kapitel 2.1.7) auf der Festplatte gespeichert werden, können Typen- und Längenfelder dabei helfen, beim Lesen große

Teile von Dokumenten einfach zu überspringen.

Es soll folgende Anfrage ausgeführt werden, um Personen zu finden, die im Jahr 2007 geboren sind:

```
db.personen.find({geboren:2007})
```

Anhand eines Beispieldokuments und schauen wir uns an, wie das Dokument beim Collection-Scan betrachtet wird. Zunächst hier das Beispieldokument und dessen internes BSON:

```
{_id:1, geboren: 1980, name: "Ulrike"}
```

Länge	Typ	Feldname	Wert	Typ	Feldname
44	16	_id\0	1	16	geboren\0

Wert	Typ	Feldname	Länge	Wert	EOD
1980	2	name\0	7	Ulrike\0	\0

Anhand des ersten Typ-Identifikators wissen wir, dass das erste Feld eine Zahl ist. Zahlen sind vier Byte lang. Nach dem Lesen des Feldnamens _id ist klar, dass diese vier Byte übersprungen werden können, um zum nächsten Feld zu gelangen. Dieses Feld heißt wie erhofft geboren, es ist ebenfalls eine Zahl, also wird diese eingelesen. Die gelesene 1980 entspricht nicht der gesuchten 2007, also können die restlichen, bisher noch nicht gelesenen Bytes des Dokuments vollständig übersprungen werden.

Mit diesem Beispiel sollte erläutert werden, dass ein Collection-Scan zwar sehr teuer ist, da alle Dokumente einer Collection betrachtet werden müssen. Aber dank der BSON-Speicherung ist MongoDB immerhin in der Lage, innerhalb von Dokumenten große Teile bei der Suche zu überspringen.

3.4 Indexe

Um den Collection-Scan zu vermeiden und Anfragen sehr effizient auszuführen, bietet MongoDB die Möglichkeit, Indexe anzulegen. Ein Index ist vergleichbar mit dem Stichwortverzeichnis am Ende dieses Buches. Ohne dieses müssten Sie dieses Buch von vorne bis hinten Seite für Seite durchblättern, um die Stelle zu finden, an der der Befehl `createIndex` erklärt wird. Mit dem Index können Sie direkt die Seitennummer erfahren und dort hinspringen.

```
db.personen.createIndex({geboren:1})
```

Dieser Befehl erzeugt einen Index auf dem `geboren`-Feld in der Collection `personen`. Das heißt, wenn ab sofort eine Anfrage gestellt wird, wer 2007 geboren ist, kann dieser Index genutzt werden. Auch bei einer Bereichsanfrage, etwa `geboren` soll zwischen 2000 und 2010 sein, ist der Index nutzbar. Ein dritter Einsatzzweck sind Sortierungen. Daran kann man sich auch die Parametersyntax merken. Genau wie beim aufsteigenden Sortieren mit `sort({geboren:1})` wird unser Index ebenfalls mit einer 1 angelegt. Würde man eine -1 verwenden, ist der Index absteigend sortiert. Man sollte die Sortierrichtung wählen, die auch in der Anwendung meistens genutzt wird. Trotzdem wird aber auch die andere Richtung effizient genutzt. So könnte uns unser soeben angelegter Index auch beim absteigenden Sortieren aller Personen nach Geburtsjahr helfen. Relevant ist die Richtungsangabe vor allem bei mehrdimensionalen Indexen, also auf solchen, die mehr als nur ein Feld indizieren.

Intern speichert MongoDB den Index als *B+-Baum*. Diese Baumstruktur besteht aus Knoten, die Wegweiser zu Kindknoten enthalten. In der Wurzel stehen beispielsweise einhundert Zeiger auf einhundert Kindknoten und zu jedem von diesen, welche Wertebereiche man findet, wenn man diesem Zeiger folgt. In den Blättern des Baumes sind Zeiger zu den eigentlichen Dokumenten zu finden. Aufgrund des logarithmischen Suchaufwands und der Balanciertheit des Baumes ist dessen Höhe selbst bei enormen Datenmengen selten Größer als drei oder vier. Das heißt, dass man meist mit nur vier Block-Lese-Operationen die Dokumente finden kann, die gewisse Kriterien erfüllen, vorausgesetzt ein Index auf dem passenden Feld existiert. Ohne den Index müsste die komplette Collection, also oft mehrere Gigabyte an Daten, durchsucht werden.

Ein Index kann also eine Anfrage enorm beschleunigen. Das heißt aber nicht, dass man auf jedem Feld einen Index definieren sollte. Jeder Index macht Einfüge-, Änderungs- und Löschoperationen ein klein wenig langsamer, da diese neben den eigentlichen Dokumenten auch den Index modifizieren müssen.

(!) Auf dem _id-Feld wird immer automatisch ein Index angelegt. Legen Sie andere Indexe basierend auf typischen Anfragen, die in Ihren Anwendungen gestellt werden an. Indexe helfen bei Gleichheitsanfragen, Bereichsanfragen, der Präfix-Suche (siehe Kapitel 3.4.2) und beim Sortieren.

Mit dem `getIndexes`-Befehl lassen sich alle Indexe anzeigen, die auf einer Collection definiert sind. Auch der Index auf der `_id` wird dort angezeigt.

```
db.personen.getIndexes()
```

```
[{   "v" : 2,
     "key" : { "_id" : 1 },
     "name" : "_id_" },
  {  "v" : 2,
     "key" : { "geboren" : 1 },
```

```
    "name" : "geboren_1",
}]
```

MongoDB gibt jedem Index einen für eine Collection eindeutigen Namen. Man kann ihn aber auch über die `name`-
Option beim `createIndex`-Befehl selbst setzen. Der Name taucht zum Beispiel in Anfrageplänen auf. Zum Entfernen eines Indexes kann man den `dropIndex`-Befehl
mit den gleichen Parametern verwenden, mit denen man
den Index auch erzeugt hat, oder alternativ über den Index-
Namen:

```
db.personen.dropIndex({geboren:1})
db.personen.dropIndex("geboren_1")
```

3.4.1 IXSCAN: Index Scan

Schaut man sich Anfragepläne von Anfragen an, bei denen
ein Index genutzt wird, sieht man, dass in diesen ein Index-
Scan anstelle des Collection-Scans auftaucht:

```
"stage" : "IXSCAN",
    "keyPattern" : { "geboren" : 1 },
    "indexName" : "geboren_1",
    "isMultiKey" : false,
    "direction" : "forward",
    "indexBounds" : {
        "geboren" : ["[2007.0, 2007.0]"]
    }
```

Der `indexName` zeigt an, welcher Index verwendet wurde
und die `indexBounds` geben den kleinsten und größten
Wert an, nach denen der Index durchsucht wird. In den
Ausführungsstatistiken würden wir sehen, dass die oben
stehende Anfrage nach Anlegen des Indexes auf dem Feld
`geboren` in unter einer Millisekunde ausgeführt wird. Vorher hat dies 37 Millisekunden gedauert und es mussten
alle hunderttausend Dokumente angeschaut werden, jetzt
nur noch eines.

3.4.2 Index bei der Präfix-Suche

Ein Index auf Feldern, die Zeichenketten beinhalten, speichert seine Einträge in alphabetischer Reihenfolge ab. Das hilft genau wie bei der Suche in einem Zahlenintervall („geboren zwischen 2000 und 2010") auch bei Bereichsanfragen auf Strings („name zwischen Schm und Schu"). Aber auch bei Präfix-Suchen kann der Index eingesetzt werden, da diese einfach in Bereichsanfragen umgeformt werden können. Somit entspricht die Suche nach allen Personen, deren Name mit K beginnt einer Bereichsanfrage auf Namen größer gleich K und echt kleiner als L. Präfix-Suchen sind in MongoDB mittels regulären Ausdrücken formulierbar:

```
db.personen.find({name:{$regex:/^K/}})
```

Für komplexere reguläre Ausdrücke sowie für Suffix-Suchen („Namen, die mit k aufhören") können diese Indexe nicht verwendet werden.

3.4.3 Collations

Beim Anlegen eines Index auf Text-Feldern und bei der Suche auf solchen Feldern kann eine sogenannte Collation angegeben werden. Dies ist eine sprachspezifische Regel, wie die Texte durchsucht und sortiert werden sollen.

```
db.personen.createIndex({name:1},
  { collation: {
      locale:"de",
      strength: 1
} } )
```

Die Collation bestimmt, wie die Strings im indizierten Feld name im Index landen werden. Die hier angegebene Stärke 1 ist die lockerste Stufe. Buchstaben werden auf ihren Basis-Character reduziert. Statt Jürgen oder René landen im Index die Werte jurgen und rene. Bei Stär-

ke 2 ist Groß-Kleinschreibung ebenfalls egal, aber hier
wird zwischen den diakritischen Zeichen unterschieden.
René ist also etwas anderes als Rene, aber das gleiche
wie rené. Und bei der höchsten Stärkestufe strength:
3 wird auch zwischen Groß- und Kleinschreibung unterschieden. Da die verwendeten diakritischen Zeiche sprach-
abhängig sind, wird bei einer Collation die zugrundelie-
gende Sprache mit angegeben.

Es sind auch noch weitere Konfigurationen möglich,
z. B. numericOrdering: true. Dies hat Einfluss auf
die Sortierreihenfolge von Strings, in denen Zahlen stehen.
Ohne diese Angabe würde der String "10" als etwas klei-
neres angesehen werden als der String "2", weil String-
Vergleiche standardmäßig Zeichen für Zeichen erfolgen.

> Indexe mit einer Collation können nur genutzt
> werden, wenn diese Collation auch bei der find-
> Anfrage angegeben wird!

Die folgende Anfrage würde den Index nutzen und die
Person mit dem Namen René finden:

```
db.personen.find(
 { name: "rene" } )
 .collation( {locale:"de", strength:1 })
```

Auch beim Sortieren ist die Angabe der Collation vonnöten, damit der Index dazu genutzt werden kann.

Damit man beim Anlegen von Indexen und bei Such-
und Sortieranfragen nicht immer auf die Collation-Angabe
denken muss, bietet es sich an, beim Anlegen einer neuen
Collection ihre Default-Collation zu spezifizieren:

```
db.createCollection("personen",
  {collation:{locale:"de", strength:1 }})
```

3.4.4 Text-Indexe

Um noch komplexere Suchanfragen auf Textfeldern zu ermöglichen, unterstützt MongoDB *Text-Indexe*. Diese können auf Feldern erstellt werden, die Zeichenketten speichern, also z. B. Produktbezeichnungen, Beschreibungen, Bewertungstexte, etc. Sie ermöglichen Suchanfragen, die ohne einen Text-Index nicht möglich sind. Legen wir dazu zunächst einen Text-Index an:

```
db.personen.createIndex({info: "text"},
       { default_language: "de" })
```

Der Befehl legt einen Text-Index auf dem Feld `info` an. Mit der Angabe `{"$**":"text"}` kann man sogar alle Felder der Dokumente auf einmal indizieren. Da das Pflegen von Text-Indexen deutlich aufwändiger ist als bei normalen Indexen, sollten sie nur sparsam eingesetzt werden. Es wird nämlich quasi jedes einzelne im Text vorkommende Wort in den Index eingetragen. Sinnvoll sind Text-Indexe immer dann, wenn eine Anwendung eine Volltextsuche unterstützt, etwa Suchfunktionen für Produkte, News-Beiträge, oder hier Info-Texte zu Personen.

 Pro Collection darf es nur maximal einen Text-Index geben! Dieser darf aber über mehrere Felder definiert sein.

Der soeben erstellte Text-Index ermöglicht folgende Volltextsuche:

```
db.personen.find(
   { $text: { $search: "Student Physik" }})
```

Sowohl bei der Indizierung als auch bei der Suche durchlaufen die Texte drei Schritte: Tokenization, Stopword-Elimination und Stemming. Die Tokenization zerlegt einen String in einzelne Wörter. Aus der Personeninfo "Ich bin Musiker und Physiker" werden die Tokens ich,

bin, musiker, und und physiker extrahiert. Im zweiten
Schritt werden Stopwords eliminiert. Dies sind Wörter,
die in der gewählten Sprache (hier: de für Deutsch) keine
besondere Relevanz haben. Danach bleiben in unserem
Beispiel nur noch die Tokens musiker und physiker üb-
rig, welche im dritten Schritt, in der Stemming-Phase, auf
ihren Wortstamm reduziert werden, also auf musik und
physik. Und genau diese beiden Einträge werden in den
Text-Index eingetragen.

Bei der oben stehenden Anfrage suchen wir nach
Student Physik. Diese Anfrage wird unser Personendokument aus dem gerade präsentierten Beispiel finden. Es
reicht nämlich, wenn mindestens ein Such-Term im Dokument vorhanden ist. Und das ist für den Begriff physik
der Fall. Hier wird also eine logische Oder-Verknüpfung
der Suchbegriffe ausgeführt. Möchte man, dass alle Suchbegriffe im Dokument auftauchen, also möchte man eine
Und-Verknüpfung, muss man die einzelnen Suchbegriffe
jeweils in Anführungszeichen setzen:

```
db.personen.find(
  { $text: { $search:
      "\"Student\" \"Physik\"" }})
```

Diese Anfrage würde aber unser Beispieldokument nicht
finden, weil Student nicht im Text vorkommt. Gehen wir
daher wieder zurück zur Oder-Verknüpfung der Suchwor-
te und führen nun zusätzlich im Projektions-Parameter des
find-Kommandos einen textScore ein. Je höher dieser
Wert ist, desto höher ist die Übereinstimmung des Dokuments mit der Suchanfrage. Nach dem textScore lässt
sich auch sortieren, sodass die relevantesten Dokumente
zuerst im Ergebnis erscheinen.

```
db.personen.find(
    { $text: { $search: "Physik Student"}},
```

```
{ score: { $meta: "textScore" } } )
.sort( { score: { $meta: "textScore" }})
```

```
{
    _id: ObjectId("63a48c5d03f9d0bd9ce6c402"),
    info: 'Ich bin Musiker und Physiker',
    score: 0.75
}
```

3.4.5 Mehrdimensionale Indexe

Die in den vorherigen Abschnitten erstellten Indexe waren alle eindimensional, d. h. sie waren nur über ein Feld definiert. Wie in anderen Datenbanksystemen können Indexe in MongoDB auch über mehrere Felder definiert werden. Wie wir später noch sehen werden, ist dabei die Reihenfolge entscheidend.

```
db.personen.createIndex(
    {geboren:1, name:1})
```

Das Pflegen dieses zweidimensionalen Indexes ist günstiger, als wenn man zwei eindimensionale Indexe auf geboren und name erstellt hätte. Trotzdem hilft der Index bei Anfragen, die Selektionen auf diesen beiden Feldern ausführen. Er kommt selbst bei Anfragen zum Einsatz, die nur auf geboren selektieren. Kommt allerdings geboren nicht als Filter in der Anfrage vor, sondern nur name, kann der Index nicht verwendet werden. Ein mehrdimensionaler Index hilft also bei Anfragen, die entweder alle seine Felder beinhalten oder beliebig viele Felder von links an gesehen, ohne ein Feld zu überspringen. Ein Index auf den Feldern a, b, c und d hilft also bei einer Suche auf a und b, nicht aber auf einer Suche auf b und c. Sucht man auf a,c und d, kann er immerhin helfen, den Filter auf dem Feld a auszuführen.

3.4.6 Index über Subdokumente

```
{ _id:1, name: "Kai",
  geboren: {jahr:1990, ort:"Köln"} }
```

Beinhaltet ein Feld eines Dokumentes ein Subdokument,
ist es selten sinnvoll, einen Index auf diesem Feld anzulegen, da man ihn nicht nutzen kann, um auf einzelnen
Subfeldern zu suchen. Ein Index auf geboren in einer
Collection, die Dokumente wie obiges beinhaltet, könnte
nicht bei Anfragen auf Subfeldern unter Verwendung der
Dot-Notation (siehe Kapitel 2.3.1) genutzt werden. Um
dies zu ermöglichen, kann auch beim Anlegen eines Indexes die Dot-Notation verwendet werden. Damit sind wir
in der Lage, einen Index nur auf dem Geburtsjahr anzulegen. Möchte man den Ort ebenfalls indexieren, empfiehlt
sich ein mehrdimensionaler Index auf geboren.jahr und
goboren.ort:

```
db.personen.createIndex(
   {"geboren.jahr":1, "geboren.ort":1})
```

3.4.7 MultiKey-Indexe über Arrays

Jedes Einfügen eines neuen Dokuments in eine Collecti-
on sorgt typischerweise dafür, dass in jedem auf dieser
Collection definierten Index ein Zeiger zum neuen Doku-
ment eingefügt wird. MongoDB erlaubt das Erstellen von
Indexen auf Array-Feldern. Diese sogenannten *MultiKey-
Indexe* beinhalten mehrere Zeiger auf ein und dasselbe
Dokument. Der Index wird wie üblich angelegt:

```
db.personen.createIndex({hobbys:1})
```

Wird nun das folgende Personendokument eingefügt, werden die Einträge Trompete und Yoga zusammen mit den
Zeigern zum neuen Dokument in den Index eingefügt.

```
{_id:1, name:"Kai",
 hobbys: ["Trompete", "Yoga"] }
```

Der Index verwaltet damit also in der Regel eine höhere
Zahl an Einträgen als es Dokumente in der zugrundeliegen-
den Collection gibt, aber er beschleunigt Suchanfragen auf
Arrays enorm. Ein Index ist ein MultiKey-Index, wenn es
mindestens ein Dokument in der Collection gibt, welches
einen Array im angegebenen Feld gespeichert hat. Indexe
funktionieren auch, wenn die unterschiedlichen Dokumente einer Collection im gegeben Feld verschiedene Typen
verwenden. Hat eine Person statt eines hobbys-Arrays
nur ein einziges Hobby als String, ist dies sowohl ganz
normal zusammen mit allen Array-Elementen der anderen
Dokumente zu finden, als auch wird dies bei der Suche
nach Personen mit bestimmten Hobbys gefunden. Wieder
andere Dokumente können als Hobby eine Zahl oder ein
Subdokument haben. In den Index kommen diese Werte,
egal von welchem Typ sie sind.

3.4.8 Geodaten und Geo-Indexe

Unter Geodaten versteht man Daten, die einen Bezug zu
einer bestimmten Position auf der Erde haben. Für eine
Person kann dies der Wohnort der Person sein, für ein Re-
staurant dessen Standort und für ein Paket seine aktuelle
Position. Diese drei Beispiele verwenden den Geodatenty-
pen Point. Ein solcher Punkt wird über einen Längengrad
und einen Breitengrad angegeben:

```
{_id:5, name:"Peter",
 wohnort: [12.095089, 49.003674] }
```

In MongoDB kann man Längengrad und Breitengrad einfach als einen Array mit zwei Elementen abspeichern. Auf
diesem Feld lässt sich dann ein sogenannter Geo-Index erstellen, welcher vielerlei hilfreiche Anfragen ermöglicht:

```
db.personen.createIndex(
     {wohnort: "2dsphere"})
```

Mithilfe dieses Indexes ist es nun möglich, Personen zu
suchen, die im Umkreis von 2km von einem bestimmten
Punkt wohnen:

```
db.personen.find( { "wohnort": { $near: {
   $geometry: { type: "Point",
        coordinates: [12.0904, 48.9878]},
   $maxDistance: 2000
} } } )
```

Die maximale Distanz, also der Radius des Kreises, wird
in Metern angegeben. MongoDB unternimmt hier automatische Projektionen der Koordinaten, die in Längengrad
und Breitengrad angegeben sind, auf eine 2D-Karte und
Umrechnungen ins metrische System.

Was hier im Feld $geometry angegeben wird, ist ein
sogenanntes *GeoJSON*-Objekt. GeoJSON ermöglicht neben Punkten auch komplexere Typen von Geodaten, z. B.
Linien (LineString), die aus mehreren Punkten bestehen, oder Polygonen, also Flächen. Alternativ zur oben
stehenden Speicherweise als einfacher Array können wir
Peters Wohnort auch als GeoJSON-Punkt speichern:

```
{
 _id: 5, name: "Peter", wohnort: {
 type: "Point",
 coordinates: [12.095089, 49.003674] }
}
```

Hier wäre es dann also auch möglich, seine genauen
Grundstücksgrenzen als Polygon zu speichern:

```
{
 _id: 5, name: "Peter", wohnort: {
 type: "Polygon",
```

```
coordinates: [[ [12.093869, 49.003911],
                [12.099065, 49.004080],
                [12.098894, 49.002278],
                [12.093483, 49.002137],
                [12.093869, 49.003911]
]] } }
```

Ein Polygon wird über einen sogenannten closed Line-
String definiert, also eine Abfolge von Punkten, die eine
Linie bilden, wobei der erste und der letzte Punkt der glei-
che sind. Die oben stehende Abfrage, die alle Personen im
Umkreis von 2km vom angegebenen Punkt findet, würde
Peter auch hier wieder finden. Es würde sogar reichen,
wenn sich lediglich ein Punkt innerhalb seines Grund-
stückes in diesem Umkreis befände.

Neben der Funktion $near bietet MongoDB auch wei-
tere Geospatial-Funktionen, wie $geoIntersects oder
$geoWithin. Diese beiden überprüfen, ob ein Geo-Objekt
ein anderes schneidet oder vollständig in ihm beinhaltet
ist. Wir können beispielsweise ein Rechteck erzeugen,
welches grob die Umrisse von Deutschland hat und dann
Personen suchen, deren Wohnort innerhalb dieses Recht-
ecks ist:

```
db.personen.find( { "wohnort":
  { $geoWithin : { $geometry:
    { type: "Polygon", coordinates:
    [[ [6, 55], [15, 55], [15, 47],
       [6, 47], [6, 55] ]]},
} } } )
```

3.4.9 Weitere Index-Optionen

Dünnbesetzte (Sparse) Indexe

Stellen wir uns vor, wir haben einen Index auf dem Feld
geboren und ein neues Dokument wird eingefügt. Hat
dies das Feld geboren mit dem Wert 1970, wird an der

Stelle 1970 im Index ein Zeiger auf unser neues Dokument eingefügt. Hat das neue Element das Feld geboren
gar nicht, wird an der Stelle missing ein Zeiger zum Dokument eingefügt. Dies ist notwendig, damit der Index
Zugriff auf die komplette Collection bietet, z. B. beim
Sortieren nach geboren. Möchte man jedoch auf einem
sehr dünn besetzten Feld, also einem Feld, welches nur
in sehr wenigen Dokumenten präsent ist, einen Index anlegen und benötigt die Zeiger auf die Dokumente nicht,
die dieses Feld nicht haben, kann man den Index mit der
sparse-Option anlegen:

```
db.personen.createIndex( { admin: 1 },
     { sparse:true } )
```

Sucht man nun nach Personen, die Admin sind, wird die
Suche dank des Indexes effizient ausgeführt. Normale
Personendokumente haben das Feld nicht. Beim Einfügen
von Nicht-Admins muss der Index also nicht gepflegt
werden.

Unique-Indexe

Eine weitere zu erwähnende Option beim Anlegen von
Indexen ist die unique-Option. Mit Unique-Indexen kann
eine Integritätsbedingung definiert werden, die es garantiert, dass es in der gesamten Collection jeden Wert eines
bestimmten Feldes nur einmal geben darf. Das folgende
Beispiel sorgt dafür, dass keine zwei Personen mit derselben E-Mail-Adresse existieren dürfen. Ein Einfügen
schlägt fehl, wenn man es dennoch versucht.

```
db.personen.createIndex( { email: 1 },
     { unique: true } )
```

Existieren bereits beim Erstellen des Indexes doppelte
Werte im angegebenen Feld, erscheint ein Fehler und der
Index kann nicht angelegt werden.

Partielle Indexe

Ein partieller Index indiziert nur Dokumente, die ein bestimmtes Kriterium erfüllen. So etwas ähnliches haben wir bereits bei sparse Indexen gesehen: Nur Dokumente, in denen das Feld vorhanden sind, werden in den Index eingetragen. Bei partiellen Indexen können wir nun ein beliebiges Prädikat angeben:

```
db.personen.createIndex({geboren:1},
    {partialFilterExpression:
        {aktiv:true }})
```

Nur die Geburtsjahre derer Personen, deren Account noch auf Aktiv gesetzt ist, werden in den Index eingetragen. Dieser Index wird nun nur dann genutzt, wenn neben der Filteranfrage auf dem Geburtsjahr auch das Prädikat `aktiv: true` abgefragt wird, also z. B. „Gib mir alle Personen, deren Account aktiv aktiv ist und nach 1990 geboren sind. " Solche partiellen Indexe ersparen Eintragungen von Dokumenten, die das Filterkriterium nicht erfüllen. Wenn man also weiß, dass gewisse Abfragen nur immer dann gemacht werden, wenn ebenfalls nach einem anderen Kriterium gesucht wird, sind solche partiellen Indexe sinnvoll.

Hashed Index

Sei `h(x)` eine Hash-Funktion, die einen Wert entgegennimmt und eine Zahl zurückliefert. Wir können einen Index als `"hashed"` deklarieren, dann durchläuft jeder einzutragende Wert zunächst die Hash-Funktion:

```
db.personen.createIndex({email: "hashed"})
```

Fügen wir nun in unsere Collection eine Person mit der E-Mail-Adresse `peter@example.com` ein, wird berechnet: `h("peter@example.com")=1510671575292898645`. Diese Zahl landet nun im Index. Bei langen Strings sorgt

dies für eine kompaktere Speicherung. Es ist jedoch zu
beachten, dass auf Hashed-Indexen nur Gleichheitsabfra-
gen und keine Größer-als- oder andere Bereichsanfragen
möglich sind.

TTL-Indexe - Time To Live

Mit TTL-Indexen können wir der Datenbank sagen, dass
Dokumente automatisch gelöscht werden sollen, sobald
eine bestimmte Uhrzeit erreicht ist. Dies ist beispielsweise
sinnvoll bei Collections, die Sitzungsinformationen speichern, also Login-Sessions oder Warenkörbe. Damit das
automatische Löschen funktioniert, benötigen die Dokumente in einer solchen Collection ein Feld vom BSON-
Datentyp `Date`, oder alternativ einen Array von Dates.
Auf diesem Feld kann dann der TTL-Index angelegt werden:

```
db.warenkorb.createIndex(
   { "lastModifiedDate": 1 },
   { expireAfterSeconds: 86400 } )
```

Sobald nun das Datum, das im Feld `lastModifiedDate`
steht, plus 86400 Sekunden (= 1 Tag) kleiner ist als die
aktuelle Uhrzeit, wird das Dokument gelöscht.

Hidden Index: Indexe verstecken

Indexe sind ein komplexes, aber mächtiges Thema. Es
erfordert viel Wissen über die Daten und mögliche Anfragen, die auf die Daten gestellt werden. Wie viel ein
Index im Endeffekt bewirkt, kann mittels Profiling und
über Ausführungspläne ermittelt werden. Dazu kann es
sinnvoll sein, ein und dieselbe Anfrage mal mit und mal
ohne Index zu untersuchen. Damit bei solchen Experimen-
ten Indexe nicht immer komplett gedroppt und neu erstellt
werden müssen, bietet MongoDB hidden Indexe an, also
die Möglichkeit, Indexe vorübergehend zu verstecken. Ist
ein Index versteckt, wird er nicht für Anfragen genutzt.

MongoDB tut also bei der Anfrageausführung so, als ob es den Index nicht gibt.

```
db.personen.createIndex({"geboren":1},
              {"hidden":true})
```

Um einen Index vorübergehend zu verstecken, gibt es die Methode hideIndex, und zum Wiedersichtbarmachen unhideIndex:

```
db.personen.hideIndex({"geboren":1})
db.personen.unhideIndex({"geboren":1})
```

3.5 Storage Engines

Eine Storage-Engine bestimmt, wie genau die in einer MongoDB-Datenbank gespeicherten Dokumente auf die Festplatte geschrieben werden. In alten MongoDB-Versionen kam standardmäßig die Engine MMAPv1 zum Einsatz, diese wurde jedoch mittlerweile durch *WiredTiger* abgelöst. Die WiredTiger-Engine ist auf eine hohe Leistung und Skalierbarkeit optimiert. Eines der Hauptmerkmale von WiredTiger ist Document-Level-Locking, also die Sperre eines Dokuments, sodass eine Transaktion mehrere Änderungen an diesem auf einmal vornehmen kann. Gleichzeitig können andere Transaktionen Änderungen an anderen Dokumenten durchführen, ohne dass sie sich gegenseitig in die Quere kommen.

Als Alternative zu WiredTiger kann MongoDB auch mit der sogenannten *In-Memory*-Storage-Engine gestartet werden.

```
$ mongod --storageEngine inMemory
```

(!) Die In-Memory-Storage-Engine ist nur in der MongoDB Enterprise-Edition verfügbar.

Die In-Memory-Storage-Engine speichert überhaupt keine Daten auf die Festplatte, alles passiert - wie der Name schon sagt - im Arbeitsspeicher. Das macht Lese- und Schreiboperationen extrem performant. Zu beachten sind jedoch zwei Dinge: Zum einen muss der komplette Datenbestand in den Arbeitsspeicher passen. Und zum anderen sind die Daten verloren, wenn der Server beendet wird oder ausfällt. Sinnvoll ist der Einsatz der In-Memory-Storage-Engine bei der Verwendung von Replikation. Unter Replikation versteht man die redundante Speicherung der Daten auf mehrere Rechner, um Hochverfügbarkeit, Ausfallsicherheit und Lastverteilung zu ermöglichen. Hier kann auf einem oder mehreren Rechnern die In-Memory-Engine zum Einsatz kommen, da die Daten bei einem Ausfall dieser Rechner nicht verloren wären. Sie sind ja noch auf anderen Rechnern vorhanden. Mehr zu Replikation folgt im nächsten Kapitel.

4. Replikation

Ein Merkmal vieler NoSQL-Datenbanken ist die Fähigkeit, sich gut auf mehrere Rechner verteilen zu lassen. MongoDB bietet zwei Arten der Verteilung. Das Partitionieren der Daten wird in MongoDB Sharding genannt. Es bewirkt, dass ein Teil der Dokumente einer Collection auf diesem, andere auf jenem Rechnerknoten gespeichert werden. Mehr dazu in Kapitel 5. In diesem Kapitel geht es stattdessen um die Replikation von Daten. Darunter versteht man eine vollständige Kopie aller Daten auf verschiedenen Rechnern. Die Vorteile von Replikation sind vor allen Dingen der Schutz vor Datenverlust und eine Hochverfügbarkeit. Da alle Daten ständig auf verschiedenen Rechnern gespeichert sind, kann bei einem Ausfall eines Knotens eine Anwendung einfach mit einem anderen Server kommunizieren. Aber auch zur Lastverteilung und damit auch zur Performanzsteigerung kann Replikation eingesetzt werden, da zumindest Leseoperationen theoretisch an alle Rechner gestellt werden können und somit die einzelnen Knoten weniger Anfragen bearbeiten müssen.

MongoDB setzt *Master-Slave-Replikation* ein. Im Gegensatz zur Multi-Master-Replikation (auch Update-Anywhere-Modell genannt) gibt es nur einen Master, auf dem alle Schreiboperationen erfolgen müssen. Der Master wird in MongoDB *Primary* genannt. Neben diesem Primary kann es beliebig viele *Secondarys* geben, also Slave-Knoten, an die der Primary alle Schreiboperationen weitergibt, damit diese auf dem gleichen Stand sind wie er.

Wir verwenden in den meisten Beispielen den Fall, dass unser *Replica-Set* aus drei Knoten besteht, also einem Primary und zwei Secondarys. Es wird eine ungerade Anzahl von Knoten empfohlen. Dies hat den Grund, dass beim Ausfall oder Unerreichbarkeit des Primarys die Secondarys abstimmen, ob ein neuer Primary bestimmt werden soll oder nicht. Sind zwei Drittel aller Rechner dafür, wird einer der Secondarys zum neuen Primary. Besteht das Replica-Set aus drei Rechnern, müssen also zwei Knoten für die Bestimmung eines neuen Primarys sein. Kämen insgesamt nur zwei Rechner zum Einsatz, bedeutete das nicht nur, dass immer nur ein Knoten ausfallen darf, da sonst die Datenbank unerreichbar und damit unbenutzbar ist. Es bedeutete auch, dass niemals die Zweidrittelmehrheit beim Ausfall des Primarys erreicht werden kann. Stellen wir uns in diesem Zwei-Rechner-Szenario vor, die Netzwerkverbindung zwischen Primary und Secondary fällt aus. Der Primary will natürlich Primary bleiben. Aber der Secondary ist der Meinung, dass ein neuer Primary bestimmt werden muss. Dürfte dieser Knoten sich ohne Zweidrittelmehrheit selbst zum Primary machen, gäbe es plötzlich zwei davon, was die komplette Datenbank schnell in einen inkonsistenten Zustand bringen würde.

4.1 Replikation starten

Wir starten nun den mongod so, dass die Instanz an einer Replikation teilnehmen kann. Danach werden wir die Replikation konfigurieren und initialisieren.

```
$ mongod --replSet rs0
```

Dieses Kommando startet den mongod-Prozess mit der Erlaubnis, am Replica-Set namens rs0 teilzunehmen. Replica-Set-Namen wurden eingeführt, um Fehler bei der Konfiguration zu vermeiden. Ansonsten könnten Server, die eigentlich andere Daten halten sollten, versehentlich an einem falschen Replikationsprozess teilnehmen.

Das gezeigte Kommando zum Start von mongod führen wir auf allen drei Rechnern aus. Dies reicht allerdings noch nicht aus, damit die Replikation wirklich läuft. Die Rechner kennen sich ja untereinander noch gar nicht. Wir müssen zunächst die Replikation konfigurieren und initialisieren, damit die Rechner wissen, wer Teil des genannten Replica-Sets ist:

```
config = { _id: "rs0", members: [
   {_id:0, host:"pc1:27017"},
   {_id:1, host:"pc2:27017"},
   {_id:2, host:"pc3:27017"} ]}
rs.initiate(config)
```

Diese initiale Konfiguration kann auf einem beliebigen der angegebenen Rechner in der MongoDB Shell ausgeführt werden. Nach kurzer Zeit ist das Einrichten abgeschlossen und jeder Knoten nimmt entweder in der Rolle des Primarys oder als Secondary an der Replikation teil. Der Rest, also das Kopieren der Daten, das Verteilen der Schreiboperationen sowie die Bestimmung eines neuen Primarys, wenn dieser mal ausfällt, passiert automatisch.

Je nachdem mit welchem Rechner wir uns mit der MongoDB Shell verbunden haben, zeigt die Shell an, ob wir gerade auf dem Primary oder einem Secondary arbeiten:

```
rs0 [direct: primary] test>
```

Um zusätzliche Details zum Zustand der Replikation zu betrachten, kann das Kommando `rs.status()` verwendet werden:

```
rs.status()
```

Der Befehl `rs.status()` zeigt das Replica-Set aus Sicht des Knotens, zu dem die Client-Verbindung besteht, also der Instanz, auf der man die MongoDB Shell öffnet. Es werden die Infos aller an der Replikation teilnehmenden Rechner angezeigt, wie IP-Adresse, Port, ob sie Primary oder Secondary sind, sowie die Latenz in Millisekunden und wann man zuletzt ein Signal von diesem Rechner empfangen hat.

Asynchrone Replikation

Ziel der Replikation soll sein, dass alle Rechner möglichst immer auf exakt dem gleichen Stand sind. Deshalb gilt es, dass der Primary seine Änderungen wie Einfügungen, Änderungen und Löschungen möglichst bald an die Secondarys weitergibt. Damit dadurch keine Verzögerung in der Client-Anwendung entsteht, die diese Operationen ausführt, gibt der Primary dem Client die Bestätigung, dass das Schreiben erfolgreich ausgeführt wurde (ACK), sobald er selbst die Daten auf die Platte geschrieben hat. Erst danach informiert er die Slaves über die Änderungsoperationen. Dies erhöht die Geschwindigkeit Schreiboperationen auszuführen, führt aber zu *Eventual Consistency* (siehe Kapitel 1.1). Liest nämlich eine Anwendung von

einem Secondary, der die neuste Änderung vom Primary
noch nicht erhalten hat, würde die Anwendung veraltete
Daten (engl. *stale Data*) lesen. Will man dies unbedingt
vermeiden, weil die Anwendung definitiv *Strong Consistency* verlangt, gibt es zwei Möglichkeiten: Entweder sie
liest vom Primary oder man erzwingt, dass die Schreiboperationen erst von allen Rechnern bestätigt werden müssen. Mehr dazu wird in den folgenden Abschnitten erklärt.

4.2 Write Concern

Das Standardverhalten beim Schreiben auf den Primary ist folgender. Die Anwendung schreibt und bekommt
vom Primary ein ACK, wenn dieser die Schreiboperation lokal erfolgreich ausgeführt hat. Vom Replikationsprozess bekommt die Anwendung nichts mit, da dieser
asynchron abläuft. Üblicherweise geht ja auch alles gut
und wenige Millisekunden später sind die Änderungen
bei den Secondarys angekommen. Sollte aber genau in
dieser kurzen Zeit zwischen Schreiben und Replizieren
der Primary ausfallen, wird ein neuer Primary bestimmt,
der diese Änderung noch nicht erhalten hat. Wacht der
alte Primary irgendwann wieder als Secondary auf, muss
er seine noch nicht verteilten Änderungsoperationen rückgängig machen und sich auf den Stand des neuen Primarys
bringen.

Mittels des Write Concerns w kann eine Anwendung
einstellen, dass sie die Bestätigung einer Änderungsoperation erst erhält, wenn diese auf mindestens w Knoten ausgeführt wurde. Wie oben beschrieben, ist w standardmäßig
1, was dafür steht, dass nur der Primary selbst geschrieben
haben muss. Bei w=2 erhält die Anwendung das ACK,
wenn neben dem Primary noch ein beliebiger Secondary,
geschrieben hat, bei w=majority muss das Schreiben auf
der Mehrheit der Rechnern erfolgt sein. Das Write Concern kann auf alle Zahlen bis zur Gesamtzahl der Rechner

im Replica-Set gesetzt werden, sogar auf 0. Letzteres bedeutet, dass die Anwendung die Schreibbestätigung schon
bekommt, sobald der Primary die Änderungsoperation
empfangen hat. Bei unkritischen Anwendungen, wie zum
Beispiel, wenn ein Besucherzähler erhöht werden soll,
kann dies völlig ausreichend sein. Mit w=majority ist
man vor Datenverlust auf der sicheren Seite. Es ist dagegen keine gute Idee, w auf die Gesamtzahl der Rechner zu
setzen, da sonst beim Ausfall eines Rechners die Schreiboperation so lange blockiert, bis dieser wieder erreichbar
ist. Die Anwendung wäre also nicht wirklich nutzbar.

Das Write Concern kann von einer Anwendung für
die Gültigkeit einer Verbindung gesetzt werden, hier ein
Python-Beispiel:

```
import pymongo
c = pymongo.MongoClient(
     host=["mongodb://pc1:27017",
           "mongodb://pc2:27017",
           "mongodb://pc3:27017"], w=2)
db = c.test
doc = db.personen.find_one({_id:1})
print(doc)
db.personen.insert_one({'name':'Timo'})
```

Das Write Concern wurde hier beim Verbindungsaufbau
auf w=2 gesetzt. Die Schreiboperation in der letzten Zeile
ist also abgeschlossen, wenn das Dokument auf mindestens zwei Rechnern erfolgreich geschrieben wurde. Zusätzlich zu erwähnen ist, dass in diesem Beispiel beim
Verbindungsaufbau ein Array mit drei Rechnern - jeweils
mit Rechnernamen und Port - angegeben wurde. Dies sind
die drei Rechner unseres Replica-Sets, damit sich auch
bei einem Ausfall eines Rechners immer noch mit einem
anderen verbunden werden kann.

Möchte man das Write-Concern nicht für die Dauer

einer Verbindung einheitlich festlegen, lässt es sich auch
als Parameter-Option bei einzelnen Schreibkommandos
setzen, z. B. bei einem `insertOne` auf der MongoDB
Shell:

```
db.personen.insertOne({name: "Timo"},
    {writeConcern: {w:3}})
```

4.3 secondaryOk

Anwendungen, die zwingend Strong Consistency benötigen, sollten vom Primary lesen, da sie andernfalls möglicherweise von kürzlich geänderten Dokumenten den alten Zustand sehen, neue Dokumente noch nicht sehen
oder noch bereits gelöschte Dokumente sehen. Manchen
Anwendungen reicht jedoch Eventual Consistency. Denn
wenn alle immer nur vom Primary lesen würden, wäre
Replikation zwar für die Ausfall- und Datensicherheit da,
sie würde aber zu keinerlei Performanzsteigerung führen.
Anwendungen, die sich im Klaren sind, dass sie möglicherweise stale Data lesen, dürfen sich gerne mit einem
Secondary verbinden. Bevor Sie das erste Mal lesen, müssen Sie jedoch das Okay dafür geben:

```
db.getMongo().setReadPref(
            "primaryPreferred")
```

Bevor man dieses Kommando ausführt, lassen sich auf der
MongoDB Shell keine Leseoperationen ausführen, wenn
man mit einem Secondary verbunden ist. Erst durch das
Setzen der Read-Preference auf etwas anderes als den
Standardwert "primary" ist dies möglich.

4.4 Lesepräferenz

Während man sich mit der MongoDB Shell immer nur
mit einem Server verbindet, kann beim Verbindungsauf-

bau einer Anwendung wie oben beschrieben eine Liste von Servern übergeben werden. Mittels der Lesepräferenz kann bei solchen Anwendungen, aber auch in der MongoDB Shell angeben werden, von welchen Rechnern Daten gelesen werden dürfen. Es gibt fünf mögliche Werte für die Lesepräferenz:

- `primary`
- `primaryPreferred`
- `secondary`
- `secondaryPreferred`
- `nearest`

`primary` ist der Standardfall und garantiert starke Konsistenz, da immer nur vom Primary gelesen wird. Die Lesepräferenz `primaryPrefered` besagt, dass man vom Primary lesen will, außer wenn dieser kurzzeitig nicht erreichbar ist, dann ist das Lesen von einem Secondary okay. Bei der Anwendungsentwicklung ist diese Einstellung selten sinnvoll. Denn wenn eine Anwendung notfalls vom Secondary lesen darf, sollte sie das eigentlich auch immer dürfen. Will man den Primary entlasten, kann man `Secondary` verwenden. Auch hier gibt es wieder `SecondaryPrefered`, sodass auch vom Primary gelesen werden darf. Bei `Nearest` liest die Anwendung immer von dem Rechner, zu dem sie den niedrigsten Ping hat. Der folgende Python-Ausschnitt zeigt, wie eine Anwendung die Lesepräferenz setzen kann:

```
read_pref = pymongo.read_preferences.
            ReadPreference.SECONDARY
c = pymongo.MongoClient(host=[
    "mongodb://pc1:27017",
    "mongodb://pc2:27017",
    "mongodb://pc3:27017"],
    read_preference=read_pref)
```

4.5 Statement-basierte Replikation

Eine Möglichkeit Replikation durchzuführen nennt sich *binäre Replikation*. Bei dieser würde der Master den Slaves mitteilen, in welcher Datei auf der Festplatte an welcher Stelle wie viele Bytes inwiefern geändert werden müssen. Das hat zwar den Vorteil, dass diese Änderung von den Slaves sehr schnell ausgeführt werden kann, allerdings bringt es auch einige Nachteile mit sich. In MongoDB wird das aber nicht so gemacht. Stattdessen wurde sich für die *Statement-basierte Replikation* entschieden. In dieser leitet der Primary alle Statements aus der *Oplog* an die Secondarys weiter, die diese dann lokal ausführen und sich somit auf den gleichen Stand wie den Primary bringen. Das hat den Vorteil, dass es sich beim Primary und Secondary um unterschiedliche MongoDB-Versionen handeln kann oder dass auf verschiedenen Rechnern verschiedene Storage Engines eingesetzt werden können. Sinnvoll ist zum Beispiel die Verwendung von 3 Rechnern in einem ReplicaSet, von denen zwei die In-Memory-Storage-Engine verwenden und einer die WiredTiger-Engine. Setzt beim beim Initialisieren der Replikation bei letzterem `priority:0`, wird dieser niemals Primary werden. Seine Aufgabe ist also lediglich die persistente Speicherung der Daten, während die beiden anderen Rechner performant in-Memory Lese- und Schreib-Anfragen verarbeiten.

Oplog

Die Oplog ist eine Capped Collection, die nur zum Einsatz kommt, wenn die Replikation aktiviert ist. In ihr werden alle Schreiboperationen, also typischerweise Kommandos vom Typ `insert`, `update` und `delete` gespeichert. Man kann sich die Oplog wie folgt anschauen:

```
use local
db.oplog.rs.find()
```

Jedes Dokument in der Oplog steht für eine Änderungs-
option. Es beinhaltet unter anderem den Zeitstempel der
Änderung und das neue bzw. geänderte Dokument. Anders
als beim Profiling ist die Oplog weniger für den Datenbankadministrator gedacht, sondern für das Durchführen
der Replikation. Damit bei dieser die Änderungen in jedem Fall korrekt ausgeführt werden, werden Operationen,
bevor sie in die Oplog geschrieben werden, etwas modifiziert. Beispielsweise erhält ein neu eingefügtes Dokument
bereits die automatisch generierte Objekt-ID, wenn das
_id-Feld nicht gesetzt wurde. Würde dies nicht geschehen,
hätte das neu eingefügte Dokument auf den verschiedenen
Replikas unterschiedliche Objekt-IDs. Bei Änderungen
und Löschungen wird das Kriterium modifiziert. Lautet
eine Anfrage beispielsweise, dass alle Personen, die in
Saarbrücken wohnen, gelöscht werden sollen, ist in der
Oplog das delete-Kommando so oft zu finden, auf wie
viele Dokumente das Kriterium zutrifft. Jedes Mal wurde
das Kriterium dann umgeändert in eine einfache Selektion
auf der Objekt-ID. Beim Ändern und Löschen sucht der
Primary also zuerst die Objekt-IDs der zu ändernden bzw.
zu löschenden Dokumente und fügt dann für jedes davon
einen Eintrag in die Oplog ein.

4.6 Arbiter

Wie zu Beginn des Kapitels erklärt, sollte die Anzahl der
an der Replikation teilnehmenden Rechner ungerade sein.
Es gibt jedoch eine elegante Lösung, mit der auch mit
einer geraden Anzahl an Rechnern das automatische Be-
stimmen eines neuen Masters reibungslos funktioniert.
Und zwar kann ein sogenannter Arbiter eingesetzt werden.
Dies ist ein mongod-Prozess, der lediglich an Abstimmungen teilnimmt, allerdings selbst keine Daten speichert.
Sinnvoll ist es, einen günstigen Cloud-Server zu mieten
oder einen Server, der ohnehin bereits für andere Zwecke

existiert (Webserver, Mailserver, ...), und diesen in der Rolle des Arbiters an der Replikation teilhaben zu lassen. Den Arbiter kennzeichnet man in der Konfiguration wie folgt:

```
{_id:2, host:"pc1:27017",
    arbiterOnly:true}
```

5. Sharding

In den vorherigen Abschnitten haben wir Replikation kennengelernt. Durch die redundante Speicherung derselben Daten auf mehreren Rechnern wird für Ausfallsicherheit, Hochverfügbarkeit und Lastverteilung gesorgt. Noch deutlich höhere Performanzsteigerungen können wir durch *Partitionierung* der Daten erreichen, also die Verteilung des Datenbestandes auf mehrere unterschiedliche Rechner. In MongoDB wird dies *Sharding* genannt. Bei aktiviertem Sharding wird sich Cluster-weit darum gekümmert, welcher Rechner welche Dokumente speichern soll.

Möchte man eine Collection „sharden", muss dazu ein *Shard-Key* festgelegt werden. Dies kann die `_id`, aber auch ein (fast) beliebiges anderes Feld sein, vorausgesetzt man hat einen Index auf diesem Feld definiert. MongoDB sorgt dann dafür, dass je nach Wert, den ein Dokument im entsprechenden Shard-Key-Feld hat, das Dokument auf diesen oder aber auf jenen Rechnern gespeichert wird. Und auch Suchanfragen auf diesem Feld können direkt an die zuständigen Rechner weitergeleitet werden.

Die folgende Grafik zeigt ein MongoDB-Setup, welches aus drei *Shards* besteht:

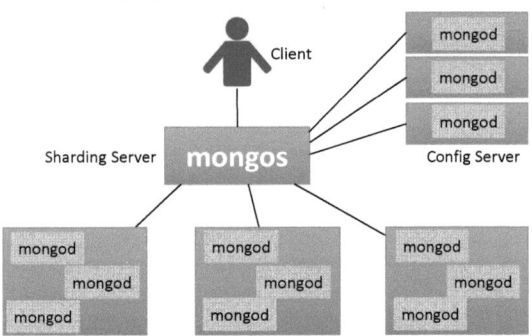

Auf den Shards (unten im Bild) werden die zu speichernden Dokumente abgelegt. Es handelt sich dabei um ganz normale mongod-Prozesse, welche pro Shard ein eigenes Replica-Set bilden. Im gezeigten Beispiel bilden jeweils drei Rechner einen Shard. Einer von ihnen ist jeweils der Primary und pro Shard gibt es zwei Secondaries. Die *Config-Server* sind ebenfalls mongod-Prozesse, die allerdings nur Metadaten zum Sharding speichern, z. B. die Info, welche Rechner am Sharding teilnehmen und wo man welche Dokumente findet. Die Config-Server bilden ebenfalls ein eigenes Replica-Set, damit auch mal einer oder zwei ausfallen dürfen. Eine wichtige Instanz ist der mongos-Prozess - der sogenannte Sharding-Server. Dieser kommuniziert mit den Config-Servern und erfährt von diesen, wo welche Dokumente gespeichert sind. Eine Client-Anwendung kommuniziert mit dem Sharding-Server, und

der wiederum leitet alle Client-Anfragen wie `insertOne`,
`find` oder `updateMany` an einen oder mehrere Shards
weiter. Da ein Sharding-Server keine Daten speichert,
kann man, um die Ausfallsicherheit zu erhöhen, beliebig
viele davon einsetzen. Es wird empfohlen, `mongos` direkt
auf dem Anwendungsservern laufen zu lassen, also auf den
Servern auf denen auch die Client-Anwendung läuft. Die
Config-Server müssen ebenfalls keine dedizierten Rechner sein. Diese können auf den gleichen Rechnern laufen,
auf denen auch die Shard-Server laufen. Für die im dar-
gestellten Beispiel verwendeten zwölf `mongod`-Prozesse
sind also tatsächlich nur neun Rechnerknoten notwendig,
und zwar die neun Shard-Server (drei pro Replica-Set).
Auf drei davon läuft zusätzlich noch ein Config-Server.

5.1 Bereichs- / Hash-Partitionierung

MongoDB setzt beim Sharding *Bereichspartitionierung*
(*Range-Partitioning*) ein. Das heißt, zu einer *geshardeten
Collection* werden auf den Config-Servern Metadaten der
folgenden Art gespeichert: Shard 1 kümmert sich um alle
Personen-Dokumente mit dem Namen im Bereich $[A..F]$,
Shard 2 $[G..N]$ und Shard 3 $[O..Z]$. Fügt man nun eine
Person mit dem Namen Franka ein, landet diese auf Shard
1. Sucht man nach Uwe, erfolgt diese Suche auf Shard 3.
Sucht man Personen, die einen Namen zwischen D und K
haben, erfolgt diese Suche auf Shard 1 und 2. Wir sehen also, dass solche Anfragen lediglich einen Teil der Rechner
anfragen. Dadurch, dass Daten und Berechnungen verteilt
werden, bekommen unbeteiligte Rechner von der Anfrage
gar nichts mit. Das erhöht die Performanz, die Antwort-
zeit und den Durchsatz sowohl beim Schreiben als auch
beim Lesen. Wird ein Bereich durch das Einfügen neuer
Bereiche ungleichmäßig größer als ein anderer Bereich,
sorgt der MongoDB *Cluster-Balancer* dafür, dass dieser
in zwei *Chunks* aufgesplittet und einer der *Chunks* auf

einen anderen Shard übertragen wird.

Eine Alternative zum Range-Partitioning, die ebenfalls von MongoDB unterstützt wird, ist *Hash Partitioning*, bei der eine Hash-Funktion $h(x)$ zum Einsatz kommt. x ist der Wert, den ein Dokument im entsprechenden Shard-Key-Feld besitzt, z. B. der Name einer Person. Möchte man Franka einfügen, berechnet MongoDB beispielsweise $h('Franka') = 37$. Nun sind auch hier wieder die einzelnen Shard für gewisse Bereiche der Hash-Werte zuständig, z. B. Shard 1 für Werte von 0 bis 20, Shard 2 für Werte von 21 bis 40, usw. In unserem Falle würde also Franka auf Shard 2 gespeichert werden. Und sucht man nach Uwe, liefert uns die Hash-Funktion die Information, wo man das Dokument suchen muss. Bei $h('Uwe') = 11$ wird auf Shard 1 gesucht. Bereichsanfragen wie oben (Name zwischen *D* und *K*) werden beim Hash-Partitioning nicht unterstützt. Allerdings kann Hash-Partitioning für eine bessere Verteilung der Daten sorgen. Beim Range-Partitioning kann es bei ungeschickter Wahl des Shard-Keys nämlich passieren, dass durch häufiges Einfügen in immer den gleichen Bereich, dieser Bereich oft gesplittet werden muss. Weitere Details dazu werden wir in Abschnitt 5.7 diskutieren.

5.2 Sharding und Replikation

Wer Sharding einsetzt, sollte stets auch Replikation verwenden. Denn wenn ein Shard ausfällt, ist das komplette System nicht mehr erreichbar. Und je mehr Shards eingesetzt werden, desto wahrscheinlicher ist ein Ausfall eines einzelnen. Für die Hochverfügbarkeit konfiguriert man also, wie in Kapitel 4 beschrieben, ein Replica-Set, welches z. B. aus drei Replikas besteht. Dieses gesamte Replika Set bildet dann einen Shard. In der weiter oben gezeigten Grafik bestand unser MongoDB-Cluster aus drei Shards, die jeweils aus drei Replikas bestehen. Die Daten werden also auf insgesamt neun Servern gespeichert, wobei jeweils drei davon dieselben Daten speichern.

Die ersten drei Rechner bilden das Replica-Set s1:

```
mongod --replSet s1 --shardsvr
```

Der Parameter --shardsvr gibt an, dass der Prozess die Rolle eines Shard-Servers annehmen wird. Der Server nimmt also am Sharding teil und ist einer derjenigen, der die Dokumente speichert. Als nächstes folgt die Konfiguration des Replica-Sets:

```
config = { _id: "s1", members: [
    {_id:0, host:"pc1:27017"},
    {_id:1, host:"pc2:27017"},
    {_id:2, host:"pc3:27017"} ]}
rs.initiate(config)
```

Das gleiche folgt dann mit den Rechnern pc4, pc5 und pc6 im Replica-Set s2 und mit dem Rechnern pc7, pc8 und pc9 in s3.

5.3 Config-Server

Für unser Beispiel starten wir drei Config-Server. Diese drei Prozesse können wir auf beliebigen drei der neun Rechner starten, auf dem auch die eigentlichen mongod-Prozesse laufen. Lasst uns die Rechner pc1, pc2 und pc3 für die Config-Server verwenden und auf jedem von ihnen einen weiteren Prozess starten:

```
mongod --replSet "c" --configsvr
       --port 27019 --dbpath ...
```

Hier wurde ein anderer Port und ein anderes Datenverzeichnis konfiguriert, damit der Prozess nicht im Konflikt mit dem Shard-Server-Prozess steht, der auf dem gleichen

Rechner ebenfalls läuft. Nachdem auch die drei Config-
Server gestartet wurden, muss auch für diese die Replikation initialisiert werden:

```
config = { _id: "c", configsvr: true,
    members: [
        {_id:0, host:"pc1:27019"},
        {_id:1, host:"pc2:27019"},
        {_id:2, host:"pc3:27019"} ]}
rs.initiate(config)
```

5.4 mongos: Sharding-Server

Der Sharding-Server mongos speichert keine Daten. Er
verwendet die Config-Server, um Metadaten zu lesen und
zu schreiben. Die eigentlichen Dokumentdaten werden
von den mongod-Prozessen auf den Shard-Server gespeichert. Der Sharding-Server wird gestartet, indem man ihm
mitteilt, wer die Config-Server sind. Er läuft auf dem MongoDB Standardport 27017.

```
mongos
--configdb c/pc1:27019,pc2:27019,pc3:27019
```

Der Prefix c/ steht für das Replica-Set, welches wir c
genannt haben.

Als nächstes fügen wir unsere drei Shards hinzu. Dadurch wissen die Config-Server, welche Shard-Server am
Sharding teilnehmen. Auch ein späteres Hinzufügen weiterer Shards und auch das Entfernen von Shards ist jederzeit
möglich. So kann das Cluster flexibel vergrößert und ver-
kleinert werden.

```
rs.addShard("s1/pc1:27017")
rs.addShard("s2/pc4:27017")
rs.addShard("s3/pc7:27017")
```

Wie das Beispiel zeigt, ist es ausreichend, je Replica-Set nur einen der Rechner anzugeben. MongoDB bezieht sich daraufhin aus der Replica-Set-Konfiguration die Adressen und Ports der weiteren Rechner, damit auch bei einem Ausfall eines oder mehrerer Rechnerknoten weiterhin auf die gespeicherten Dokumente zugegriffen werden kann.

5.5 Eine Collection „sharden"

Eine Collection zu sharden bedeutet in MongoDB, dass die Dokumente in dieser Collection auf die einzelnen Shards verteilt werden sollen. Standardmäßig sind Collections nämlich gar nicht geshardet; auch dann nicht, wenn wir wie oben beschrieben Sharding schon erfolgreich eingerichtet haben. Jede Datenbank besitzt einen sogenannten *Primary-Shard*, auf dem alle Dokumente gespeichert sind, die zu ungeshardeten Collections gehören. Hat man verschiedene Datenbanken, weist MongoDB diesen üblicherweise auch unterschiedliche Primary-Shards zu. Im nächsten Abschnitt sehen wir, wie man sich anschauen kann, welches der Primary-Shard einer Datenbank ist.

Die folgenden Kommandos sharden unsere Personen-Collection. Das heißt, dass die bereits in dieser Collection gespeicherten Dokumente nun nicht mehr nur auf dem Primary-Shard liegen, sondern auf alle Shards verteilt werden. MongoDB splittet die Collection in Chunks, die jeweils über einen Wertebereich definiert werden und teilt den Shards zu, wer für welchen Chunk zuständig ist.

```
sh.enableSharding("test")
use test
db.personen.createIndex({name:1})
sh.shardCollection("test.personen",
    {name:1})
```

Wie wir sehen, müssen zwei Dinge erledigt werden, bevor eine Collection geshardet werden kann: Zuerst muss

Sharding für die Datenbank, in der die Collection liegt, aktiviert werden. Als zweites muss ein Index auf den Shard-Key erstellt weren, sofern dieser noch nicht vorhanden ist. Da auf der _id immer ein Index definiert ist, kann diese immer als Shard-Key verwendet werden. Das letzte Kommando würde dann also {_id:1} als Shard-Key-Definition beinhalten.

   Es ist auch möglich eine Collection zu sharden, die noch gar nicht existiert. Diese Collection und auch der Index auf dem Shard-Key werden dann automatisch angelegt.

5.6   Sharding-Status

Der folgende Befehl zeigt hilfreiche Statusinformationen zum Sharding an:

```
sh.status()
```

Wir schauen uns die einzelnen Teile der Ausgabe dieses Befehls separat an.

```
shards: [
  { "_id": "s1", "host":
  "s1/pc1:27017,pc2:27017,pc3:27017" },
  { "_id": "s2", "host":
  "s2/pc4:27017,pc5:27017,pc6:27017" },
  { "_id": "s3", "host":
  "s3/pc7:27017,pc8:27017,pc9:27017" } ]
```

Der Bereich shards zeigt an, aus welchen Rechnern die Shards bestehen. Es fällt auf, dass die Host-Liste alle Replikas beinhaltet, auch wenn wir im addShard-Befehl nur einen Rechner pro Replica-Set angegeben haben. Zum Zeitpunkt des Hinzufügens eines Shards vervollständigt MongoDB die Host-Liste automatisch mit allen am gegebenen Replica-Set teilnehmenden Rechneradressen und Ports. Diese Information kann es aus den

jeweiligen Replica-Set-Konfigurationen entnehmen. Als
nächstes zeigt sh.status() die Liste aller Datenbanken
an. Für jede Datenbank ist zu sehen, ob Sharding in dieser
Datenbank aktiviert ist und welches ihr Primary Shard ist.

```
databases: [
  { "_id": "test", "partitioned": true,
    "primary" : "s3", ... },
  { "_id": "mydb", "partitioned": false,
    "primary" : "s2", ... }, ... ]
```

Am partitioned-Feld kann man erkennen, dass Sharding für die test-Datenbank aktiviert wurde. Das muss
aber noch nicht heißen, dass es in dieser Datenbank eine
geshardete Collection gibt. Aber bei der Datenbank mydb
kann es definitiv zum aktuellen Zeitpunkt keine geshardete
Collection geben, da Sharding dort momentan deaktiviert
ist. Der komplette Datenbestand dieser Datenbank liegt
also auf den Rechnern pc4, pc5 und pc6, die den Shard s2
bilden. Zusätzlich zu den gerade gezeigten Infos wird für
jede Datenbank auch angezeigt, welche Collections in ihr
geshardet und wie die einzelnen Chunks der geshardeten
Collections aussehen:

```
{ database: { _id: 'test', primary: 's3',
              partitioned: true, ... },
  collections: {
    'test.personen': {
      shardKey: { name: 1 },
      unique: false, balancing: true,
      chunks: [
          { min: { name: MinKey() },
           max: { name: 'Paula' },
           'on shard': 's1' },
          { min: { name: 'Paula' },
           max: { name: MaxKey() },
           'on shard': 's3' }
```

```
        ]
    } ... } }
```

MongoDB versucht, die Anzahl der Chunks pro Shard ungefähr gleich zu halten. In unserem simplen Beispiel haben die Shards s1 und s3 jeweils einen Chunk, s2 gar keinen. Wenn die Datenmenge jedoch wächst, werden es automatisch immer mehr Chunks und damit auch eine ausgeglichene Anzahl Chunks pro Shard. Genau so ist MongoDB auch bemüht, die Anzahl der Dokumente pro Chunk ungefähr gleich zu halten. Würde man nun ganz viele Personen einfügen, deren Namen mit W beginnen, würde der letzte Chunk in zwei Chunks aufgesplittet werden und einer davon höchstwahrscheinlich den Shard wechseln. Um genau solche Dinge kümmert sich der Balancer automatisch.

5.7   Gute Shard-Keys - Schlechte Shard-Keys

Betrachten wir eine Collection wetter, in der Sensordaten von Wetterstationen gesammelt werden. Die Dokumente haben den folgenden Aufbau:

```
{ _id:ObjectId("56bddb3f26e1b..."),
  type : "temperature",
  longitute : 2.363471,
  latitude : 48.917536,
  city : "Berlin",
  time : ISODate("2016-03-01T10:25:39Z"),
  value : 5.8,
  unit : "Celsius",
  visible_to: ["public","admin"] }
```

Wir diskutieren im Einzelnen, welche Felder sich gut und welche sich weniger gut als Shard-Key dieser Collection eignen.

- `_id` ist immer gut geeignet. Je nachdem, welche Art von Anfragen oft an die Collection gestellt werden, kann sich jedoch möglicherweise ein anderes Feld besser eignen.
- `type` und `unit` haben eine zu geringe Kardinalität, also zu wenige unterschiedliche Werte. Das macht es so gut wie unmöglich, die Dokumente gleichmäßig auf die Rechner zu verteilen. Haben 90% der Dokumente die Einheit Celsius oder den Typ "temperature", werden alle solchen Dokumente auf ein und demselben Rechner gespeichert.
- `longitude` und `latitude`, also der Längen- und Breitengrad eignet sich besser, da hier viel mehr verschiedene Werte vorkommen. Man könnte auch einen zusammengesetzten Shard-Key auf diesen beiden Feldern definieren.
- `city` eignet sich gut, wenn es viele verschiedene Städte gibt. Wenn hingegen fast alle Sensoren in ein und derselben Stadt sind, ist das Feld weniger gut geeignet.
- Ein monoton wachsendes Feld wie `time` sollte niemals als Shard-Key verwendet werden. Dieser sogenannte Hotspot sorgt dafür, dass neue Dokumente immer in den gleichen Chunk eingefügt werden. Irgendwann ist dieser so voll, dass er gesplittet werden muss. Besser ist es, wenn kontinuierlich in alle Chunks gleichmäßig eingefügt wird.
- `visible_to` darf als Shard-Key nicht verwendet werden, Arrays als Shard-Key verboten sind.

Die im hier genannten Beispiel erzeugten Dokumente werden wahrscheinlich nur gelesen und nie wieder geändert. Wird ein Feld jedoch häufig geändert, eignet sich dieses nicht als Shard-Key, da das Dokument sonst fast jedes Mal auf andere Shards verschoben werden muss. Im Wesentlichen hängt die Wahl des Shard-Keys von der Anwendung ab. Wenn diese häufig Anfragen der Art „Wie war die Temperatur in Berlin?" stellt, eignet sich `city` besser als die Längen- und Breitengradfelder. Beinhalten die Anfragen allerdings statt der Stadt Längen- und Breitengrade, ist es genau anders herum. Da Anfragen wie „Wo war es gestern wärmer als 20 Grad Celsius?" wohl eher seltener gestellt werden, eignet sich das `value`-Feld wohl eher nicht als Shard-Key.

Ziel bei der Wahl des Shard-Keys ist es - neben einer gleichmäßigen Verteilung -, dass möglichst viele Anfragen nur an möglichst wenige Shards geschickt werden. Wählen wir `city` als Shard-Key, wird die Anfrage `db.wetter.find({city: "Berlin"})` lediglich an den Shard weitergeleitet, der für den Chunk verantwortlich ist, in dem sich der Wert Berlin befindet. Die anderen Shard-Server bekommen von der Anfrage nichts mit. Weitere Und-verknüpfte Selektionsbedingungen, z. B. dass zusätzlich die Uhrzeit in einem bestimmten Intervall liegen soll, stören bei der verteilten Ausführung nicht. Andere Anfragen wie `db.wetter.find({type:"wind"})` müssen an alle Shards gesendet werden. In den Anfrageplänen, die mit dem `explain`-Kommando betrachtet werden können (siehe Kapitel 3.3), ist zu sehen, welche Teile einer Anfrage an welche Shards gesendet werden.

6. Aggregation Pipeline

Der find-Befehl ist zwar einfach zu benutzen, allerdings unterstützt er nur simple Anfragen mit Projektionen und Selektionen. Zusätzliche Methoden wie sort und limit bieten zwar noch ein paar weitere Möglichkeiten, allerdings bekommt man viele Anfragen, die man aus SQL kennt, nicht formuliert. Die meisten NoSQL-Datenbanken verfügen über keine eingebaute Funktionalität, um komplexe Anfragen wie Gruppierungen und Summenberechnungen auszuführen. Für solche Aufgaben werden oft Technologien wie MapReduce oder Spark eingesetzt. Darunter versteht man Programmierparadigmen und Tools, um benutzerdefinierte verteilte Berechnungen auf großen

Datenmengen durchzuführen. Mit Apache Hadoop und Co
lassen sich Daten aus verschiedenen Eingabequellen verarbeiten, beispielsweise aus Textdateien oder auch NoSQL-
Datenbanken wie MongoDB.

MongoDB bietet mit der Aggregation-Pipeline aber
auch eine eigene, eingebaute Funktionalität, um komplexe Berechnungen, Analysen und Datentransformationen
durchzuführen, die mit einem simplen `find`-Befehl nicht
möglich sind. Dadurch dass die Aggregation-Pipeline fest
in MongoDB integriert ist, ist keine weitere Softwarein-
stallation oder Konfiguration vonnöten. Die Verwendbar-
keit ist einfach und perfekt auf das Datenmodell von MongoDB abgestimmt. Intern kümmert sich ein Optimierer
um die effiziente Ausführung von Aggregation-Pipelines.
Indexe werden automatisch genutzt und eine verteilte Berechnung erfolgt ebenfalls vollautomatisch auf den einzelnen Shards im MongoDB-Cluster.

Der Begriff Pipeline bedeutet, dass man als Anwender
eine Berechnung als Folge von einzelnen Schritten formuliert. Wir stellen im Folgenden die wichtigsten Schritte
vor, die man verwenden kann. Man muss sich vorstellen,
dass diese Schritt für Schritt hintereinander ausgeführt
werden.

Der `aggregate`-Befehl erhält als Parameter eine Liste, die die durchzuführenden Schritte enthält:

```
db.<coll>.aggregate([ {<schritt>},... ])
```

6.1 Pipeline-Schritte

6.1.1 $match: Selektion

Der `$match`-Schritt filtert Dokumente gemäß eines angegebenen Filterkriteriums. Dies ist eine Bedingung, wie
man sie auch aus der `find`-Operation kennt.

```
db.personen.aggregate([
  { $match: { name:/^F/ } }
])
```

Das Beispiel zeigt eine Aggregation-Pipeline, die nur aus
einem einzigen Schritt besteht. Dieser filtert die Dokumente der Collection personen und gibt diejenigen aus,
deren Name mit F beginnen.

6.1.2 $sort: Sortieren

Zu einem beliebigen Zeitpunkt in der Aggregation Pipeline kann ein Zwischenergebnis sortiert werden.

```
db.personen.aggregate([
  { $match: { name:/^F/ } },
  { $sort: { geboren:1 } }
])
```

Die Syntax des $sort-Schritts ist die gleiche, wie man es
vom sort-Operator gewohnt ist. Das übergebene Dokument enthält die Felder, nach denen sortiert werden soll
zusammen mit der Sortierrichtung, 1 für aufsteigend, -1
für absteigend. Im Beispiel werden also Personen gesucht,
deren Name mit F beginnt. Das Ergebnis wird aufsteigend
nach dem Geburtsjahr sortiert.

6.1.3 $limit und $skip

Auch die Schritte $limit und $skip sind so zu verwenden, wie man es vom find-Befehl gewohnt ist. Die hinter
dem Doppelpunkte stehende Zahl gibt an, wie viele Dokumente maximal ausgeben bzw. wie viele übersprungen
werden sollen. Diese beiden Schritte funktionieren zwar
auch ohne vorangegangenen $sort-Schritt, häufig wer-
den jedoch $sort und $limit zusammen eingesetzt, um
Top-k-Anfragen durchzuführen. Eine solche Anfrage kann
lauten: Wir suchen die zweit- und drittälteste Person, also

die beiden Personen mit dem zweit- und drittkleinsten
Wert in der Spalte `geboren`; auch hier wieder nur die,
deren Namen mit F beginnt:

```
db.personen.aggregate([
  { $match: { name:/^F/ } },
  { $sort: { geboren:1 } },
  { $limit: 2 },
  { $skip: 1 }
])
```

6.1.4 $project: Projektion

Der `$project`-Schritt ermöglicht es uns - auch das kennen wir von `find`-Kommando -, die im Resultat befindlichen Dokumente auf gewisse Spaten zu reduzieren. Mit
`{ $project: { name: 1 } }` sorgen wir dafür, dass
nur die Felder `name` und `_id` im Dokument beibehalten
werden. Mit `{ name: 0 }` könnten wir das `name`-Feld
rausschmeißen.

 Die Reihenfolge der Pipeline-Schritte ist relevant. Wenn wir z. B. mit `$project` ein Feld
entfernen, können wir danach nicht mehr mit
`$sort` danach sortieren. Der `$project`-Schritt
kommt daher oft als letztes.

Wir bekommen mit dem `$project`-Schritt nun etwas hin,
was mit dem `find`-Kommando nicht möglich ist, und zwar
das Konstruieren neuer Felder und auch das Umbenennen
von Feldern.

Bisher verwendeten wir das Dollar-Zeichen als Prefix
für vorgefertigte Operationen wie `$project` oder `$gte`.
Diese stehen immer in Feldnamen, also links vom Doppelpunkt. In der Aggregation Pipeline hat der Dollar-Operator
noch eine andere Bedeutung, wenn er auf der rechten Seite
vom Doppelpunkt steht. Gefolgt von einem Feldnamen

des Eingabedokuments liefert der Operator Zugriff auf den
Wert des Feldes. Wir verwenden ihn in unserem Beispiel,
um das Feld `name` in `person` umzubenennen.

```
db.personen.aggregate([
  { $project: { person: "$name" } }
])
```

Das Ausgabedokument besitzt die Felder `_id` und `person`.
In letzterem steht der Wert des Feldes `name` aus dem Eingabedokument. Würde man das Dollar-Zeichen vergessen,
also `{ person: "name" }`, besäße jedes Ausgabedokument das Feld `person` mit dem konstanten Wert `"name"`.

$addFields

Da nach dem `$project`-Schritt nur diejenigen Felder im
Dokument vorhanden bleiben, die auch in diesem Schritt
angegeben wurden (plus die `_id`, die bleibt immer drin, außer man schließt Sie explizit mit `_id:0` aus), gibt es auch
den Schritt `$addFields`, um einfach nur noch weitere
Felder hinzuzufügen und alle bisher vorhandenen Felder
wie gehabt beizubehalten:

```
db.personen.aggregate([
  { $addFields: {
    person: { $toUpper: "$name" } } }
])
```

Im gezeigten Beispiel fügen wir jedem Dokument ein weiteres Feld `person` hinzu, indem der Name in Großbuch-
staben steht. Neben `$toUpper` bietet MongoDB sehr viele
weitere Funktionen, die auf Strings, Zahlen, Datumswer-
ten und mehr aufgerufen werden können. Sie sind online
in der MongoDB-Dokumentation samt Erklärungen und
Beispielen zu finden.

6.1.5 $group: Gruppieren und Aggregieren

Der Hauptzweck der Aggregation Pipeline ist, wie der
Name schon sagt, das Aggregieren von Daten, also z. B.
das Bilden von Summen oder die Berechnung von Durch-
schnittswerten. Der Wert des $group-Operators ist ein
Dokument, welches eine _id und beliebig viele andere
Felder beinhaltet. Die _id gibt an, nach welchen Feldern
die Eingabedokumente gruppiert werden sollen. In den anderen Feldern müssen Aggregatfunktionen - in MongoDB
werden diese Akkumulatoren genannt - verwendet werden.
Ein Beispiel, um die Summe der Gehälter pro Wohnort zu
berechnen:

```
db.personen.aggregate([
  { $group: { _id: "$wohnort",
      geh_sum: { $sum: "$gehalt" } } }
])
```

Wenn es in der Eingabe-Collection *n* verschiedene Wohnorte gibt, besteht die Ausgabe aus *n* Dokumenten. Sollten
manche Eingabedokumente das Feld wohnort nicht besitzen, kommen sie in die Gruppe mit der _id: null.
Haben Dokumente kein gehalt-Feld, geht der Wert nicht
in die Berechnung der Summe ein. Das Ausgabedokument unseres Beispiels hat zwei Felder. In der _id steht
ein Wohnort und in dem Feld geh_sum steht die Summe
der Gehälter der Personen, die in diesem Ort wohnen.

Akkumulatoren

Den Akkumulator $sum haben wir im vorherigen Ab-
schnitt bereits kennengelernt. Er kann neben dem Berechnen von Summen auch zum Zählen von Dokumenten verwendet werden, da es keinen Count-Akkumulator
gibt. Das Zählen funktioniert, indem Einsen aufsummiert
werden: { $sum: 1 }. Das folgende Beispiel zeigt die
wichtigsten Akkumulatoren auf einen Schlag:

```
db.personen.aggregate([
  { $sort: { gehalt: -1 } },
  { $group: { _id: "$wohnort",
     geh_sum: { $sum: "$gehalt" },
     anzahl: { $sum: 1 },
     avg_gehalt: { $avg: "$gehalt" },
     min_gehalt: { $min: "$gehalt" },
     max_gehalt: { $max: "$gehalt" },
     reichster: { $first: "$name" },
     aermster: { $last: "$name" },
     name_array: { $push: "$name" },
     name_menge: { $addToSet: "$name"}} }
])
```

Zur Erklärung:

- $avg: Berechnung des Durchschnittswertes
- $min/$max: Der kleinste/größte Wert in einem Feld
- $first/$last: Nur sinnvoll mit vorangegangenem $sort-Schritt; bietet Zugriff auf die Feldwerte des ersten bzw. letzten Dokuments innerhalb einer Gruppe
- $push/$addToSet: Fügt Feldwerte in einen Array hinzu. Bei $addToSet werden Duplikate eliminiert.

Ein Ausgabedokument dieser Transformation könnte wie folgt aussehen:

```
{ _id: "Köln",
  geh_sum: 129000,
  anzahl: 3,
  avg_gehalt: 43000,
  min_gehalt: 40000,
  max_gehalt: 45000,
  reichster: "Laura",
  aermster: "Georg",
  name_array: ["Laura","Georg","Georg"],
  name_menge: ["Laura", "Georg"]}
```

Gruppieren nach mehreren Feldern

Nach welchem Feld gruppiert werden soll, wird beim
$group-Schritt im _id-Feld angegeben. Diese _id kann
auch Unterattribute beinhalten. Das macht es möglich,
nach mehreren Feldern zu gruppieren:

```
db.personen.aggregate([
  { $group: { _id: { name: "$name",
                     wohnort:"$wohnort" },
    anzahl: { $sum: 1 } }}
])
```

In diesem Beispiel berechnen wir, wie oft es jeden Namen
in den einzelnen Orten gibt, z. B. heißen in Köln zwei
Personen Georg:

```
{ _id: { name: "Georg", wohnort: "Köln"},
  anzahl: 2 }
```

Gruppieren nach dem Gruppieren

Es ist möglich, mehrere $group-Schritte hintereinander
auszuführen. Das folgende Beispiel zeigt, wie wir die
durchschnittliche Anzahl von Personen pro Wohnort berechnen. Im ersten Schritt zählen wir, wie im vorherigen Abschnitt beschrieben, die Anzahl jedes Namens pro
Wohnort, und im zweiten Teil gruppieren wir nur noch
nach dem Wohnort und bilden den Durchschnitt über die
Anzahl:

```
db.personen.aggregate([
  { $group: { _id: { name: "$name",
                     wohnort:"$wohnort" },
    anzahl: { $sum: 1 } }},
  { $group: { _id: "$_id.wohnort",
    avg_anzahl:{$avg: "$anzahl"}}}
])
```

Es fällt auf, dass im zweiten Schritt auf den Wohnort mittels Dot-Notation auf dem _id-Feld zugegriffen werden muss. Das liegt daran, dass die Werte der Felder, nach denen gruppiert wird, im _id-Feld zu finden sind. Mit einem anschließenden $project-Schritt könnte man das Feld auf Wunsch wieder umbenennen.

6.1.6 $unwind: Arrays aufsplitten

Mittels $unwind-Schritt wird ein Array in seine einzelnen Elemente aufgesplittet. Das Resultat sieht so aus, dass jedes Dokument so oft vervielfältigt wird, wie es Elemente im angegebenen Array in diesem Dokument gibt. Ein Beispiel:

```
{ _id:1, name:"Franka",
  hobbys: ["Yoga", "Geige"] }
{ _id:2, name:"Ulrike",
  hobbys: ["Schach", "Yoga"] }
{ _id:3, name:"Thomas", hobbys: [] }
```

```
db.personen.aggregate([
  { $unwind: "$hobbys" }
])
```

```
{ _id:1, name:"Franka", hobbys:"Yoga" }
{ _id:1, name:"Franka", hobbys:"Geige" }
{ _id:2, name:"Ulrike", hobbys:"Schach"}
{ _id:2, name:"Ulrike", hobbys:"Yoga" }
```

Ist in einem Dokument der angegebene Array leer oder das Feld nicht vorhanden, taucht es in der Ausgabe nicht auf. Ist das angegebene Feld kein Array, liefert der aggregate-Befehl einen Fehler. Der $unwind-Schritt ist auch dafür sehr nützlich, wenn man anschließend nach dem gleichen Attribut gruppieren möchte. Wir können zum Beispiel zählen, wie oft jedes Hobby angegeben wurde:

```
db.personen.aggregate([
  { $unwind: "$hobbys" },
  { $group: { _id:"$hobbys",
          anzahl: { $sum:1 } } }
])
```

Ein weiterer Anwendungsfall für $unwind und $group
ist es, Verschachtelungen umzukehren. In unserer Collection liegen Personen-Dokumente, die jeweils einen Array mit Hobbys haben. Nun können wir daraus Hobby-
Dokumente erzeugen (eines pro Hobby), von denen jedes
einen Array mit den Personen hat:

```
db.personen.aggregate([
  { $unwind: "$hobbys" },
  { $group: { _id:"$hobbys",
      personen: { $addToSet:
        { _id: "$_id", name: "$name" }}}}
])
```

```
{ _id: "Yoga", personen: [
    {_id: 1, name: "Franka"},
    {_id: 2, name: "Ulrike"}
] }
```

6.1.7 $lookup: Verbundoperationen

Eigentlich sollte man MongoDB-Dokumente so model-
lieren, dass ihn ihnen alles enthalten ist, was in der Anwendung benötigt wird, z. B. ein Produkt samt seinen
Bewertungen, oder eine Person samt den Infos über ihren Arbeitgeber. In relationalen Datenbanken würde man
diese Informationen auf mehrere Tabelle aufteilen und
mittels eines Joins wieder verbinden. Nichtsdestoweniger
funktioniert das aber auch in MongoDB, und zwar mit
dem $lookup-Schritt.

Betrachten wir die folgende Collection personen:

`{ _id:2, name:"Ulrike", firma:"ABC"}`

In einer weiteren Collection `firmen` stehen Infos zu den einzelnen Firmen:

`{ _id: "ABC", ort: "Ulm" }`

Die folgende Anfrage verbindet die Dokumente der beiden Tabellen:

```
db.personen.aggregate([
  { $lookup:
    { from: "firmen",
      localField: "firma",
      foreignField: "_id",
      as: "firmeninfo"}}])
```

Im Feld `from` steht der Name der anderen Collection. Zunächst wird der Wert desjenigen Feldes gelesen, welches unter `localField` angegeben wurde. Dieser Wert wird in der anderen Collection in dem Feld gesucht, was im `foreignField` steht. Das Resultat sieht so aus, dass jedes Dokument der Eingabe-Collection ein neues Feld enthält, welches den Feldnamen trägt, den man in `as` gewählt hat. Dieses neue Feld ist ein Array, der die Join-Partner-Dokumente aus der anderen Collection beinhaltet.

In unserem Beispiel wird sich in jedem Eingabedokument der Collection `personen` der Wert des Feldes `firma` angeschaut. Für Ulrike ist dies die Firma ABC. Nach diesem Wert wird nun in der `firmen`-Collection im Feld `_id` gesucht. Das gefundene Ergebnisdokument wird in den Array `firmeninfo` eingefügt, sodass die Ausgabe nun wie folgt aussieht:

`{ _id:2, name:"Ulrike", firma:"ABC",`
`  firmeninfo: [{ _id: "ABC", ort: "Ulm" }]}`

Erweitern wir unsere Personen-Dokumente um Wohnorte und modifizieren die Anfrage ein wenig, um zu jeder

Person diejenigen Firmen zu finden, die ihren Sitz in der gleichen Stadt haben, in der die Person wohnt:

```
db.personen.aggregate([
  { $lookup:
    { from: "firmen",
      localField: "wohnort",
      foreignField: "ort",
      as: "firmeninfo"}}])
```

Nun kann es vorkommen, dass eine Person in einem Ort wohnt, in dem es keine Firmen gibt. Georg wohnt in Köln, doch keine Firma in der firmen-Collection befindet sich in diesem Ort. Das heißt, dass der Array firmeninfo in Gregors Dokument leer ist. Würde es zwanzig Firmen in Köln geben, bestünde Gregors firmeninfo-Array aus zwanzig Dokumenten.

Hat eine Person den wohnort: null, besteht der Array aus Firmen-Dokumenten, die den ort: null haben. Ist in einem Personen-Dokument das wohnort-Feld gar nicht vorhanden, besteht der firmeninfo-Array aus allen Dokumenten der Firmen-Collection, in denen das ort-Feld nicht vorhanden ist.

Der $lookup-Schritt entspricht einem linken äußeren Verbund in relationalen Datenbanken. Alle Personen sind definitiv im Ergebnis enthalten, auch diejenigen, die keinen Join-Partner in der anderen Collection finden. In einem solchen Fall bleibt das entsprechende Array-Feld leer.

6.1.8 $out: Ausgabe in Collection schreiben

Der aggregate-Befehl zeigt, wenn man ihn direkt in der MongoDB-Shell aufruft, das Ergebnis auf der Konsole an. Verwendet man die Aggregation Pipeline innerhalb einer Programmsprache, liefert sie einen Cursor, sodass man über die Ausgabedokumente iterieren kann. Möchte man

das Ergebnis allerdings in eine Collection speichern, kann
als letzter Schritt der Pipeline ein $out-Schritt definiert
werden.

```
db.personen.aggregate([
  ...,
  { $out: "personen2" }
])
```

Im $out-Schrittes wird der Name einer Collection angege-
ben. Existiert diese bereits, wird diese vollständig gelöscht
und anschließend neu angelegt.

6.1.9 Weitere Schritte und Optionen

Neben den vorgestellten Schritten $match, $sort, $limit,
$skip, $unwind, $project, $addFields, $group und
$lookup gibt es noch viele weitere Schritte, die vielseitige
Möglichkeiten für Berechnungen und Transformationen
auf MongoDB-Dokumenten bieten. Auch bieten viele der
genannten Schritte zusätzliche Optionen, z. B. damit ein
$unwind-Schritt noch ein zusätzliches Feld erstellt, in
welches die Position (0, 1, 2, 3, ...) geschrieben wird, an
der im Array das entsprechende Element war. Oder aber
die Option, dass Dokumente, in denen das Array-Feld leer
ist oder fehlt, dennoch im Ergebnis wiederzufinden sind.
Eine umfangreiche Auflistung aller Pipeline-Schritte sowie deren Optionen befindet sich online in der MongoDB-
Dokumentation.

6.2 Verteilte Berechnung

Ist die Eingabe-Collection der Aggregation Pipeline geshardet, können viele Berechnungen parallel ausgeführt werden. Die Schritte $match, $project und $unwind wer-
den auf den Shards lokal ausgeführt, auf denen die Dokumente gespeichert sind. Auf diese Art können Dokumente

gefiltert und nicht benötigte Felder frühzeitig aus Dokumenten entfernt werden, bevor diese über das Netzwerk transportiert werden.

Wird mittels $out das Ergebnis in eine Collection geschrieben, darf diese nicht geshardet sein. Das Speichern erfolgt also immer nur auf dem Primary Shard. Es gibt aber auch noch den $merge-Schritt, mit welchem das Resultat der Aggregation Pipeline auch in geshardete Collections gespeichert werden kann. Dabei kann dann auch spezifiziert werden, was unternommen werden soll, wenn ein Dokument mit der gleichen _id bereits in der Collection vorhanden ist.

7. Übungen

Um die Inhalte dieses Buches praktisch auszuprobieren, finden Sie diesem Kapitel einige Übungsaufgaben. Installieren Sie zunächst MongoDB wie im Anfang des Buches beschrieben und starten Sie den mongod-Server. Fügen Sie dann die folgenden Dokumente eines Online-Musik-Fachgeschäfts in die Collection produkte ein:

```
db.produkte.insertMany( [
{"_id":"Klavier","kategorie":"Instrumente",
 "preis":NumberDecimal("3499.99"),
 "hersteller": {"name":"Yomoho","land":"Japan"},
 "schlagworte":["tasten","jazz","klassik"]},
{"_id":"Weihnachtsliederbuch","kategorie":
 "Noten","preis":NumberDecimal("12.95"),
 "seiten":74,"mitCd":false,
```

```
"hersteller":{"name":"Huba Verlag","land":
"Deutschland"},"schlagworte":["weihnachten"]},
{"_id":"Geige","kategorie":"Instrumente",
 "preis":NumberDecimal("3000"),
 "hersteller":{"name":"Klaus",  "land":"Deutschland"},
 "schlagworte":["streich","klassik"]},
{"_id":"Stimmgeraet","kategorie":"Zubehoer",
 "preis":NumberDecimal("7.95"),
 "hersteller": {"name":"Yomoho",  "land":"Japan"},
 "farbe":"schwarz","schlagworte":[]},
{"_id":"Funky Guitar 5","kategorie":"Noten",
 "preis":NumberDecimal("29.95"),"seiten":60,
 "mitCd":true, "hersteller":
 {"name":"Huba Verlag","land":"Deutschland"},
 "schlagworte":["gitarre","funk","buch"]},
{"_id":"Trompete","kategorie":"Instrumente",
 "preis":NumberDecimal("899"),
 "hersteller":{"name":"Yomoho","land":"Japan"},
 "schlagworte":["blech","jazz","klassik"]} ] )
```

Eine Möglichkeit, wie Sie das Kommando auf Ihren PC bekommen: Auf der nächsten Seite ist ein QR-Code abgebildet. Verwenden Sie einen QR-Code-Leser auf Ihrem Smartphone und schicken Sie sich den QR-Code enthaltenen Text selbst per E-Mail.

7.1 Übungsaufgaben

7.1.1 CRUD-Operationen

Formulieren Sie die folgenden Anfragen mit Befehlen auf der MongoDB Shell:

a) Fügen Sie ein weiteres Produkt Ihrer Wahl ein. Halten Sie sich grob an das Schema der bisherigen Produkte.

b) Geben Sie alle Produkte des Herstellers „Yomoho" aus, die mehr als 100 EUR kosten.

c) Welche Produkte sind in der Kategorie „Zubehoer" oder „Noten"? Geben Sie nur deren _id aus.

d) Wie viele Produkte haben das Schlagwort „jazz"?

e) Was sind die zwei teuersten Produkte?

f) Ändern Sie den Preis des Produkts „Klavier" auf 3800.

g) Fügen Sie allen Produkten, für die eine Seitenzahl angegeben wurde, das Schlagwort „buch" hinzu. Achten Sie darauf, dass danach kein Artikel dieses Schlagwort zweimal hat.

7.1.2 Anfragepläne, Indexe

In dieser Aufgabe schauen wir uns die Anfragepläne und Ausführungsstatistiken in MongoDB an.

a) Führen Sie folgendes Kommando in der MongoDB Shell aus, um eine Viertelmillion Videos in die Datenbank einzufügen:

```
k = { titel: "Ein Video" };
for (i = 0; i<250000; i++) {
 k._id = i; k.aufrufe = i;
 db.videos.insertOne(k);
}
```

Während Sie warten, können Sie in einem anderen
Terminal-Fenster eine weitere MongoDB Shell öffnen und dort zählen, wie viele Dokumente bereits
eingefügt wurden:

db.videos.countDocuments()

b) Zeigen Sie sich den Anfrageplan und die Ausführungsstatistiken für diese Anfrage an:

```
db.videos.find(
 {aufrufe: { $gte:500, $lt:510}})
```

c) Erstellen Sie einen Index, der die Anfrage aus (b)
beschleunigt und schauen Sie sich erneut die Ausführungsstatistiken an. Hat sich die Ausführungszeit
verbessert?

7.1.3 Replikation

In dieser Aufgabe geht es darum, eine Replikationsum-
gebung mit drei mongod-Prozessen einzurichten. Da die
Prozesse der Einfachheit halber alle auf einem einzigen
PC laufen sollen, verwenden Sie unterschiedliche Ports.

Wir wollen einen sogenannten Arbiter verwenden. Das
ist ein Mitglied eines ReplicaSet, welches keine Daten
speichert. Seine einzige Aufgabe ist es, an Abstimmungen
teilzunehmen, wann ein neuer Master gewählt werden
soll. Wie in Kapitel 4 beschrieben, muss es dafür eine 2/3-
Mehrheit geben.

a) Beenden Sie alle noch laufenden mongod-Prozesse.
Unter Linux und MacOS können Sie im Terminal
mit dem Kommando ps -A | grep mongo nach-

schauen, ob noch ein MongoDB-Prozess läuft. Unter Windows sehen Sie dies im Task-Manager.

b) Starten Sie drei mongod-Prozesse. Verwenden Sie die Ports 27001, 27002 und 27003. Verwenden Sie den ReplicaSet-Namen „rs1". Starten Sie die Prozesse in drei separaten Terminal-Fenstern.

c) Öffnen Sie die MongoDB Shell mit dem Kommando mongosh --port 27001 und initialisieren Sie das ReplicaSet:

```
rs.initiate( { _id:"rs1", members:[
{ _id:1, host:"localhost:27001" },
{ _id:2, host:"localhost:27002",
   "arbiterOnly" : true },
{ _id:3, host:"localhost:27003" }
]});
```

Was hat sich nun an der Konsole verändert? Unter welchem Port läuft der Primary?

d) Speichern Sie in die Collection „foo" die beiden Dokumente { _id: 1 } und { _id: "xyz" }, schließen Sie die MongoDB Shell und öffnen Sie die Shell erneut auf Port 27003. Sind die beiden Dokumente übertragen worden?

e) Fahren Sie den Server auf Port 27001 herunter. Sie können dies über eine beliebige Mongo Shell erledigen:

```
a = connect("localhost:27001/admin");
a.shutdownServer()
```

Was zeigt rs.status() an? Wer ist nun Primary?

f) Fügen Sie noch ein weiteres Dokument in „foo" ein: { _id: "neu" }

g) Starten Sie den mongod Prozess auf Port 27001 wieder und öffnen Sie die Shell auf diesem. Welche Dokumente sind in der Collection „foo"?

h) Was passiert, wenn nach Aufgabenteil f) der Server
auf 27003 ausfällt, Sie danach Server 27001 wieder
starten, auf diesem { _id: "ganz neu" } einfügen und dann erst 27003 wieder gestartet wird? Welche Dokumente sind dann in der Collection „foo"?

7.1.4 Aggregation Pipeline

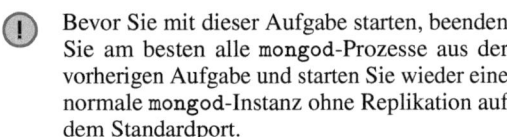

Bevor Sie mit dieser Aufgabe starten, beenden
Sie am besten alle mongod-Prozesse aus der
vorherigen Aufgabe und starten Sie wieder eine
normale mongod-Instanz ohne Replikation auf
dem Standardport.

Formulieren Sie die folgenden Anfragen mit Hilfe der
Aggregation Pipeline.

a) Listen Sie zu jeder Kategorie auf, wie viel die Artikel in dieser Kategorie durchschnittlich kosten.

b) Listen Sie zu jedem Schlagwort auf, wie viele Produkte es zu diesem Schlagwort gibt.

c) Welche Hersteller (Name und Land) bietet zwei
oder mehr Produkte an?

d) Listen Sie zu jedem Herstellernamen auf, in wie
vielen Kategorien der Hersteller Produkte anbie-
tet. Achten Sie darauf, dass keine Kategorien dop-
pelt gezählt werden. Sortieren Sie die Ausgabe so,
dass der Hersteller mit den meisten Kategorien oben
steht.

7.2 Lösungen

7.2.1 CRUD-Operationen

a) db.produkte.insertOne({
_id:*"Posaune"*,
kategorie:*"Instrumente"*,
preis:NumberDecimal(*"850.00"*),
hersteller:

```
        {name:"Yomoho", land:"Japan"},
        schlagworte:["blech"]
      })
```

b) `db.produkte.find({`
   `"hersteller.name" : "Yomoho",`
   `preis : { $gt: NumberDecimal("100") }})`

c) `db.produkte.find({`
   `$or: [`
   `{kategorie: "Zubehoer"},`
   `{kategorie: "Noten"}`
   `]}, {_id:1})`

d) `db.produkte.find(`
   `{schlagworte:"jazz"}).count()`

e) `db.produkte.find().sort(`
   `{preis:-1}).limit(2)`

f) `db.produkte.updateOne(`
   `{ _id:"Klavier" },`
   `{$set: {preis: NumberDecimal("3800")}})`

g) `db.produkte.updateMany(`
   `{ seiten: { $exists: 1 } },`
   `{ $addToSet: { schlagworte: "buch"} })`

7.2.2 Anfragepläne, Indexe

a) `db.videos.countDocuments()` zeigt eine Zahl
   zwischen 0 und 250000 an, je nachdem wie viele
   Dokumente bereits eingefügt wurden.

b) `db.videos.explain("executionStats")`
   `.find( {aufrufe:`
   `{ $gte:500, $lt:510}})`

   Es wird ein COLLSCAN ausgeführt, der (auf dem
   Laptop des Autors) ca. 100 Millisekunden dauert.

c) `db.videos.createIndex({aufrufe:1})`

Nun zeigt der Anfrageplan, dass ein IXSCAN ausgeführt wird. Die Dauer hat sich auf unter zehn
Millisekunden verbessert.

7.2.3 Replikation

a) `kill 1171`, wenn 1171 die Prozess-ID ist, die bei
`ps -A | grep mongod` angezeigt wird.

b) `mkdir /tmp/m1 /tmp/m2 /tmp/m3`
```
mongod --port 27001 --dbpath /tmp/m1 \
   --replSet rs1
mongod --port 27002 --dbpath /tmp/m2 \
   --replSet rs1
mongod --port 27003 --dbpath /tmp/m3 \
   --replSet rs1
```

c) Nun steht zu Beginn der Eingabezeile in der Shell
`rs1 [direct: primary] test>`, vorher war es
nur `test>`. Daran kann man erkennen, dass man
momentan mit dem Primary des Replica-Sets rs1
verbunden ist.

d) `db.foo.insertOne({ _id:1 })`
`db.foo.insertOne({ _id: "xyz" })`

Öffnet man `mongosh --port 27003` und gibt das
Kommando `db.foo.find()` ein, kommt die War-
nung, dass man nicht mit dem Primary verbunden
ist, und kein secondaryOk gegeben wurde. Nach
der Eingabe folgender Befehle sieht man die beiden
Dokumente:
```
db.getMongo().setReadPref(
        "primaryPreferred")
db.foo.find()
```

e) An der Konsole an Port 27003 kann man schon sehen, dass man nun mit dem Primary und nicht mehr
mit dem Secondary verbunden ist. `rs.status()`
zeigt in der Liste der Members, dass der Host auf
Port 27001 nicht erreichbar ist. Auf Port 27002 läuft

immer noch der Arbiter und auf Port 27003 der Primary. Es gibt aktuell keine Secondarys.

f) `db.foo.insertOne({ _id: "neu" })`

g) ```
mongod --port 27001 --dbpath /tmp/m1
    --replSet rs1
mongosh --port 27001
rs.slaveOk()
db.foo.find()
```

Das neue Dokument ist auf den wieder gestarteten Rechner übertragen worden. Der `find()`-Befehl zeigt alle drei Dokumente.

h) Wenn nach Aufgabenteil f) der Server auf 27003 ausfällt, läuft kein Host mehr, der Anfragen entgegennehmen kann. Startet man den Server 27001 neu, kann er sich deshalb mit keinem Primary synchronisieren und wird selbst zum Primary. Vom Einfügen des Dokuments mit der `_id: "neu"` hat er nichts mitbekommen.

`db.foo.insertOne({ _id: "ganz neu" })`

Nun wird Server 27003 wieder gestartet. Er synchronisiert sich mit dem Primary (27001) und muss sein Dokument mit der `_id: "neu"` leider verwerfen, damit alle Hosts auf dem gleichen Stand sind.

## 7.2.4 Aggregation Pipeline

a) ```
db.produkte.aggregate([
  {$group: {_id:"$kategorie",
      avg_preis: {"$avg":"$preis"}}}])
```

b) ```
db.produkte.aggregate([
  {$unwind: "$schlagworte" },
  {$group: {_id:"$schlagworte",
      anzahl: {"$sum":1}}}])
```

c) ```
db.produkte.aggregate([
  {$group: {_id:"$hersteller",
```

```
        anzahl: {"$sum":1}}},
     {$match: {anzahl: {$gte:2}}},
     {$project: { name: "$_id.name",
         land: "$_id.land", _id:0 } }])
```

d) db.produkte.aggregate([
```
     {$group: {_id: {her:"$hersteller",
      kat:"$kategorie"}}},
     {$group: { _id: "$_id.her",
      anzahl: {"$sum":1}}},
     {$sort: { anzahl:-1 }}])
```

Index